La
desintoxicación
de Daniel

La
desintoxicación
de Daniel

DR. DON COLBERT

CASA
CREACIÓN

La mayoría de los productos de Casa Creación están disponibles a un precio con descuento en cantidades de mayoreo para promociones de ventas, ofertas especiales, levantar fondos y atender necesidades educativas. Para más información, escriba a Casa Creación, 600 Rinehart Road, Lake Mary, Florida, 32746; o llame al teléfono (407) 333-7117 en Estados Unidos.

La desintoxicación de Daniel por Dr. Don Colbert
Publicado por Casa Creación
Una compañía de Charisma Media
600 Rinehart Road
Lake Mary, Florida 32746
www.casacreacion.com

Editado por: LM Editorial Services
Diseño de la portada: Vincent Pirozzi
Director de Diseño: Justin Evans

Originally published in the U.S.A. under the title: *The Daniel Detox*, Published by Siloam, A Charisma Media Company, Lake Mary, FL 32746 USA. Copyright © 2016. All rights reserved

Visite la página web del autor: www.drcolbert.com

CONTENIDO

Capítulo 1

CÓMO EL AYUNO DE DANIEL LE AYUDARÁ A DESINTOXICAR SU CUERPO, ALMA Y ESPÍRITU

En aquellos días yo Daniel estuve afligido por espacio de tres semanas. No comí manjar delicado, ni entró en mi boca carne ni vino, ni me ungí con ungüento, hasta que se cumplieron las tres semanas.

—DANIEL 10:2–3

E L AYUNO ES un recurso bíblico y espiritual de la antigüedad para limpiar el alma y el espíritu. El ayuno es clave para una genuina y profunda espiritualidad. A lo largo de las épocas, la gente ha utilizado el ayuno como un recurso para entrar en esferas espirituales más profundas y llegar a conocer mejor a Dios. En la Biblia, ayunar se consideraba una parte clave de entrar y mantener un poderoso y espiritualmente dinámico caminar con Dios.

Para ayunar bíblicamente, usted debe abstenerse voluntariamente de alimentos, ya sea parcial o total, durante un periodo de tiempo con un propósito espiritual. Durante un ayuno espiritual se niega a usted mismo uno de los elementos básicos de supervivencia, que su cuerpo ama y atesora: el alimento.

¿Pero por qué cualquiera de nosotros querría aun considerar negar a nuestro cuerpo las galletas, los pasteles, los helados, las hamburguesas y la pizza que tanto le gusta? La razón es que el ayuno, cuando se realiza mediante la dirección y la capacitación del Espíritu Santo, tiene el poder de romper el control atenazador de nuestra naturaleza más baja.

1

Entender nuestra verdadera naturaleza

Nuestro apetito carnal puede ser un animal hambriento, derrotando al hombre espiritual en nuestro interior. Cuando esto sucede, parece imposible decir no al deseo de dulces, de comida rápida, o hasta de sexo, murmuración o calumnia. Estos fuertes anhelos y deseos son parte de nuestra naturaleza más baja, o más animal. La Biblia utiliza el término *carne* cuando habla acerca de esos anhelos y deseos de nuestros cuerpos, y nos advierte que debemos conquistar esos apetitos. Estos deseos incluyen los siguientes:

- Pereza y letargo que evita que hagamos ejercicio

- Anhelo de dulces y grasas que nos hacen comer demasiada cantidad de alimentos erróneos de modo que terminamos acumulando kilos extra y no nutriendo nunca adecuadamente nuestros cuerpos

- Emociones fuera de control, como la ira y la furia, que pueden conducirnos a enloquecer en el tráfico o hacer que digamos palabras hirientes a nuestros seres queridos, lo cual luego lamentamos

- Soledad, ansiedad, depresión y tristeza que pueden hacer que busquemos consuelo en alimentos dulces y con fécula

Hay muchas más cosas que encajan en la categoría de carne. Puede incluir nuestros pensamientos, nuestras emociones, nuestros deseos de sexo inapropiado, nuestra compulsión por darnos un atracón de dulces, nuestra incapacidad para dejar de murmurar, y mucho, mucho más. La carne no es otra cosa sino nuestras necesidades, deseos y anhelos en su estado indisciplinado.

EL AYUNO CONTROLA LA NATURALEZA MÁS BAJA

Ya que todos nacemos con esas necesidades, deseos y anhelos indisciplinados, la clave de nuestra espiritualidad es someternos al Espíritu de Dios. La Biblia nos alienta a caminar en la presencia y el poder del Espíritu para no vivir en la carne. En Gálatas 5:16–17 Pablo dice:

> Digo, pues: Andad en el Espíritu, y no satisfagáis los deseos de la carne. Porque el deseo de la carne es contra el Espíritu, y el del Espíritu es contra la carne; y éstos se oponen entre sí, para que no hagáis lo que quisiereis.

La mente carnal y no renovada de la carne es controlada y dominada por el pensamiento y el razonamiento de nuestros intelectos. Las emociones también controlan y dominan esta naturaleza baja, lo cual significa que sus sentimientos y deseos le controlan. Además de eso, la naturaleza carnal es también controlada por los cinco sentidos: gusto, olfato, vista, tacto y oído.

Pero hay esperanza. El poder de Dios es liberado mediante el Espíritu Santo que obra en nosotros. Efesios 3:20 nos dice: "Y a Aquel que es poderoso para hacer todas las cosas mucho más abundantemente de lo que pedimos o entendemos, según el poder que actúa en nosotros". Solamente cuando vivimos nuestras vidas en conexión vital con Dios es cuando somos capaces de crucificar las lujurias de la carne y vivir y caminar en la naturaleza superior del Espíritu de Dios en nuestro interior.

Este proceso de crucificar la carne debe lograrse diariamente mediante la oración, perdonando a cualquiera que nos ofenda (incluyéndonos a nosotros mismos), renovando la mente con la lectura regular de la Palabra de Dios, y vigilando cada palabra que sale de nuestras bocas. Todas esas cosas son como los martillos, picos, taladros y herramientas que operan en la cantera de roca de nuestra carne endurecida. En este esfuerzo, el ayuno es la dinamita que hace que todos los otros esfuerzos sean más fáciles y efectivos.

Cuando la báscula del cuarto de baño nos dice que necesitamos perder peso, pero vemos que es totalmente imposible no agarrar un pedazo más de pastel de chocolate u otro helado, entonces nos encontramos con esta poderosa tenaza de nuestra carne, la cual ha obtenido prominencia sobre nuestra mente, voluntad, espíritu y emociones.

Una manera de romper el poder de su carne y llevarla a la sumisión a su espíritu y su mente es ayunar. ¿Tiene usted un temperamento fuera de control que explota en los peores momentos, dañando relaciones con aquellos a quienes quiere? El ayuno puede controlar esa carne.

El ayuno alimenta su hombre espiritual a la vez que mata de hambre a su hombre natural. Puede ablandar su corazón y limpiar su cuerpo para hacerlo más receptivo a los planes de Dios. El ayuno puede sensibilizar su espíritu para discernir la voz del Espíritu de Dios y sus impulsos internos. Echemos una mirada a algunas otras aplicaciones espirituales del ayuno.

Por qué deberíamos ayunar como disciplina espiritual

El ayuno edifica un carácter piadoso.

Para quienes comienzan, el ayuno edifica el carácter. Al capacitarnos para rendir nuestras vidas a Dios en una mayor medida, tenemos más control sobre nuestras lenguas, nuestras mentes, nuestras actitudes, nuestras emociones, nuestros cuerpos y todos los deseos de nuestra carne. El ayuno también nos ayuda a someter nuestro espíritu a Dios por completo, a fin de que Él pueda usarlo para sus propósitos.

Aunque muchos cristianos han invitado a sus vidas el poder del Espíritu Santo, continúan siendo dirigidos por los insaciables apetitos de la carne. Viven sus vidas persiguiendo cualquier cosa que satisfaga los anhelos de la naturaleza inferior o de sus propios motivos egoístas en lugar de los propósitos de Dios. Muchos de ellos son buenas personas que en realidad querrían vivir en un plano mucho más elevado de existencia, pero sencillamente no saben cómo hacerlo.

El ayuno nos da la capacidad de edificar carácter e integridad, al permitir que el Espíritu de Dios obre por medio de nosotros. La única manera real de edificar un carácter piadoso y una integridad genuina en nuestro hombre interior es pasando tiempo en la presencia de Dios.

El ayuno rompe las cadenas de la atadura.

¿Batalla usted con adicciones o conductas adictivas? A veces las adicciones pueden hasta mostrarse en nuestra personalidad en lugar de hacerlo mediante conductas debilitantes, como el alcoholismo. Por ejemplo, quizá usted nunca haya sido alcohólico, pero cuando entra en una habitación llena de gente, tiene una necesidad obsesiva de estar constantemente hablando o controlando todo y a todas las personas. Una necesidad exagerada de controlar a otros o de controlar las circunstancias y las situaciones puede ser tanta atadura como una adicción a una droga.

Las ataduras son de todo tipo, color y tamaño; por tanto, no descarte con toda rapidez la idea de que pueda usted tener algún tipo de atadura en su propia vida. La mayoría de nosotros, que crecemos y vivimos en este mundo imperfecto, terminamos teniendo algún tipo de atadura, o conocemos a alguien que batalla por ser libre de conductas destructivas y adictivas. Quizá pueda pensar usted en seres queridos que están atados por personalidades o conductas adictivas. El ayuno es críticamente importante si tiene usted hijos que necesiten ser libres de drogas y alcohol, homosexualidad, pornografía o algún tipo de rebelión. El ayuno puede ser muy útil cuando está usted orando por la salvación de un ser querido. El ayuno puede romper cualquier fortaleza espiritual, a fin de que puedan regresar la paz y la armonía.

El ayuno nos humilla.

Aunque la naturaleza inferior puede parecer increíblemente poderosa, el ayuno la humilla. Humillar la carne es necesario si queremos vivir una vida limpia y piadosa.

> Así que, cualquiera que se humille como este niño, ése es el mayor en el reino de los cielos.
>
> —MATEO 18:4

> Porque el que se enaltece será humillado, y el que se humilla será enaltecido.
>
> —MATEO 23:12

> Humillaos delante del Señor, y él os exaltará.
>
> —SANTIAGO 4:10

> Humillaos, pues, bajo la poderosa mano de Dios, para que él os exalte cuando fuere tiempo.
>
> —1 PEDRO 5:6

El ayuno capta la atención de Dios porque es una clave de la humildad. Cuando humillamos nuestra carne, hallamos favor con Dios. Santiago 4:6 dice: "Dios resiste a los soberbios, y da gracia a los humildes". En otras palabras, la humildad que puede obtenerse mediante el ayuno espiritual abre la puerta a la gracia y el favor de Dios.

El ayuno nos ayuda a entrar en la presencia de Dios.

¿Ha deseado alguna vez experimentar la presencia de Dios? El ayuno puede llevar la sanadora y refrescante presencia de Dios a la vida individual y a la vida de una familia, y hasta de un país.

Después de que Moisés hubiera ayunado durante cuarenta días, fue transportado a un lugar totalmente nuevo en el Espíritu de Dios. Recibió los Diez Mandamientos y se convirtió en el legislador de Israel. Después de que Jesús hubiera ayunado durante cuarenta días, el Espíritu Santo capacitó su vida, y fue lanzado su ministerio de sanidad y predicación.

Usted también puede recibir el toque de la gloria de Dios en su propia vida, al igual que Jesús y Moisés, mediante el ayuno y la oración. El ayuno nos capacita para tocar el mundo que nos rodea con el amor y el poder de Dios. El ayuno puede ser una herramienta de acceso al poder de Dios para influenciar a nuestros hijos, nuestros familiares, nuestras ciudades, y hasta el mundo entero.

El ayuno trae guía divina.

Cuando está usted tomando decisiones críticas, como escoger pareja, cambiar de trabajo, decidir mudarse, u otras decisiones con un gran impacto en la vida, necesita la guía divina de Dios para asegurarse de no aferrarse a opiniones u otros juicios que sean erróneos. El problema del error es que cuando estamos en él, pensamos que tenemos razón. Por eso necesitamos guía divina para las decisiones importantes en la vida.

La Biblia promete que el Espíritu Santo está listo y dispuesto para proporcionarnos esa guía cuando la pedimos.

> Pero cuando venga el Espíritu de verdad, él os guiará a toda la verdad; porque no hablará por su propia cuenta, sino que hablará todo lo que oyere, y os hará saber las cosas que habrán de venir.
>
> —Juan 16:13

Hay veces en nuestra vida en que somos guiados por nuestros propios juicios y deseos erróneos, y ni siquiera lo sabemos. El ayuno regular puede protegernos de la ceguera de nuestras propias opiniones y deseos.

El ayuno nos ayudará a ser guiado por el Espíritu en lugar de ser guiados por los juicios erróneos. Por eso el ayuno espiritual es tan importante.

El ayuno trae sanidad.

El ayuno es también una poderosa herramienta para la sanidad y la restauración. Esto es lo que la Biblia dice sobre ello:

> Entonces nacerá tu luz como el alba, y tu salvación se dejará ver pronto; e irá tu justicia delante de ti, y la gloria de Jehová será tu retaguardia.
>
> —Isaías 58:8

El ayuno no solo rompe las cadenas de maldad, quita pesadas cargas y libera al oprimido, sino que también le devuelve su salud.

Cuándo deberíamos ayunar

Siempre ayune tal como le guíe el Espíritu Santo. En otras palabras: al igual que Jesús fue guiado al desierto para ayunar y orar, nosotros también deberíamos ser guiados por el Espíritu a momentos y periodos de ayuno. El Nuevo Testamento nunca establece reglas estrictas en cuanto al ayuno; por tanto, nosotros nunca debiéramos imponer reglas estrictas sobre otros o sobre nosotros mismos. El ayuno legalista no hizo que los fariseos en el libro de Lucas se ganaran puntos con Dios. Los momentos y periodos de nuestro ayuno espiritual deben ser dirigidos por Dios, y no por el hombre.

Dios se preocupa más por los motivos que nos conducen a ayunar. Jesús estaba mucho más interesado en los motivos que había detrás del ayuno que con lo largo o frecuente de este. El motivo lo es todo cuando se trata del ayuno espiritual.

A medida que desarrolle una vida de ayuno y oración, descubrirá que Dios le dirigirá y le guiará. Caminará usted en los pasos de grandes hombres y mujeres que nos han precedido, hombres y mujeres que abundaron en pureza de cuerpo, mente y espíritu, y que tocaron el cielo con sus oraciones y países con sus pasiones. Daniel fue uno de esos hombres. Su ayuno produjo resultados poderosos. Echemos un vistazo al ayuno de Daniel para conquistar la carne.

Seguir el ejemplo de Daniel

Un ayuno de Daniel es un ayuno parcial basado en el modo en que Daniel y los otros tres jóvenes judíos ayunaron cuando los judíos fueron llevados cautivos a Babilonia. Podemos también conectar el ayuno de Daniel en el tiempo del capítulo 10 de Daniel cuando él esperaba por la ayuda del Señor en cuanto a un asunto crítico respecto al reino que él servía. Usando estas referencias, he desarrollado el plan de comidas y el enfoque espiritual que encontrará en este libro.

En el capítulo 1 de Daniel vemos que él y sus tres amigos tuvieron un gran favor por su pureza, tenían muy buena educación y estaban muy dotados tanto mental como espiritualmente. Cuando aquellos cuatro jóvenes fueron llevados al palacio del rey para ser educados a la manera de los caldeos, Daniel 1:5 afirma: "El rey les asignó una ración diaria de los manjares del rey y del vino que él bebía" (LBLA). El rey planeaba mantenerlos con su propia dieta rica en carne, grasas, pasteles y vino durante tres años, y al término de esos tres años ellos serían presentados al rey.

Sin embargo, el versículo 8 dice: "Se propuso Daniel en su corazón no contaminarse con los manjares del rey ni con el vino que él bebía" (LBLA). En otras palabras, Daniel rechazó las ricas, tentadoras y deliciosas carnes, vino y pasteles de la corte real, quizá porque no cumplían con los requisitos de las leyes alimenticias judías o porque esos jóvenes puede que hicieran votos de no beber alcohol.

Por tanto, Daniel hizo una petición al príncipe de los eunucos. Los versículos 11–12 dicen: "Te ruego que pongas a prueba a tus siervos por diez días, y que nos den legumbres para comer y agua para beber" (LBLA). La concordancia Strong define *legumbre* como: "vegetales que se comen como alimento". Yo creo que el ayuno de Daniel era todo de vegetales sin nada de granos, carne o vino. También se conocen como legumbres los guisantes, las judías y las lentejas. Las legumbres tienen un algo contenido en proteínas carbohidratos y fibra; también tienen bajo contenido en grasas, principalmente grasas no saturadas.

La desintoxicación de 21 días en adición al ayuno de siete días mediante jugos en este libro incluye lo que llamo un ayuno de Daniel modificado, de ahí la desintoxicación de Daniel. Hemos eliminado todo lo que Daniel eliminó a excepción de algunos de los granos integrales sin gluten. Si desea usted modificar este ayuno para convertirlo en un verdadero ayuno de Daniel, le recomiendo que se ciña a las ensaladas y las recetas de sopas que proporciono, asegurándose de eliminar cualquier producto que contenga grano. También puede disfrutar de las recetas que se proporcionan para la semana de ayuno a base de jugos a la vez que sigue un ayuno de Daniel.

Daniel y los tres jóvenes hebreos vivieron un estilo de vida de ayuno durante tres años siguiendo una dieta vegetariana de legumbres a la vez que aprendían y estudiaban en la corte real, y Dios honró su ayuno parcial. Se nos dice en el versículo 15: "Al cumplirse el plazo, estos jóvenes se veían más sanos y mejor alimentados que cualquiera de los que participaban de la comida real" (NVI).

Dios favoreció tremendamente su decisión de ayunar y les otorgó favor, sabiduría y visión por encima de cualquier otra persona que los rodeaba. En los versículos 18–20 (NVI) leemos:

> Cumplido el plazo fijado por el rey Nabucodonosor, y conforme a sus instrucciones, el jefe de oficiales los llevó ante su presencia. Luego de hablar el rey con Daniel, Ananías, Misael y Azarías, no encontró a nadie que los igualara, de modo que los cuatro entraron a su servicio. El rey los interrogó, y en todos los temas que requerían de sabiduría y discernimiento los halló diez veces más inteligentes que todos los magos y hechiceros de su reino.

Daniel sabía lo que era sano comer, y se propuso en su corazón no contaminarse. Como el ayuno de Daniel, la desintoxicación de Daniel elimina las comidas ricas que son tentadoras para la carne.

Hoy día, la gente está tan atada a su carne que con frecuencia no puede pasar una comida sin comer algún tipo de carne, algo dulce, algo con grasa, o algún otro tipo de comida rica. Debemos crucificar nuestra carne diariamente, tomar nuestra cruz y seguir a Cristo (ver Mateo 16:24). ¿Qué mejor manera de crucificar nuestra carne que seguir el estilo de vida de ayuno de Daniel?

Recomiendo que siga el programa completo de la desintoxicación de Daniel tal como se bosqueja más adelante en el libro. Pero al establecer un estilo de vida de ayuno regular, puede que quiera, a veces, adaptar los primeros veintiún días de este ayuno de desintoxicación para conformarlo a las pautas de un ayuno de Daniel. Para hacerlo, simplemente cíñase a las recetas para ensaladas, sopas y jugos que se proporcionan en este libro, y asegúrese de eliminar cualquier producto con grano (mijo, cebada, espelta, quinua, avena, etc.).

Prepárese para el crecimiento espiritual

El ayuno es un privilegio, y es una clave bíblica para limpiar aquello que bendecirá su vida. La Biblia da al ayuno una antigua posición de honor, un lugar junto a otros dinámicos principios para la salud y el crecimiento espiritual. Al llevar a cabo este periodo de ayuno, oración, reflexión personal y crecimiento espiritual, las siguientes son algunas consideraciones que le ayudarán a preparar su corazón.

- En primer lugar, entregue a Dios el tiempo de su ayuno para una limpieza y renovación espiritual.

- Luego, separe una parte de cada día para leer la Biblia, meditar en lo que lea y pedirle al Espíritu Santo, su Maestro, que le dé revelación divina.

- A medida que su cuerpo se vaya acostumbrando al ayuno, considere dedicar mayores partes de su tiempo a la lectura de la Biblia, la oración y a escribir un diario para el crecimiento personal y espiritual.

- Escuche cintas de enseñanza bíblica mientras conduce, en el trabajo o en casa, para ayudarle a estar centrado en la Palabra de Dios.

- Ore tan frecuentemente como pueda, o hágalo como dice la Escritura: sin cesar.

- Puede que también haya momentos en que escoja dedicar su ayuno a un propósito superior, como ayunar por asuntos de limpieza y sanidad nacional.

Su diario de ayuno

La tercera sección de este libro le llevará por los veintiocho días de mi programa de la desintoxicación de Daniel. El capítulo 7 incluye un plan diario para los veintiún días de ayuno parcial que apoyará su hígado en la limpieza y desintoxicación de su cuerpo, y el capítulo 8 incluye un plan diario para los siete días de ayuno a base de jugos. Las páginas del programa de ayuno han sido pensadas para imitar un diario que incorpore siete cosas que le ayudarán a crecer y desarrollarse como persona de modo integral (cuerpo, mente y espíritu), a medida que aprende a ayunar.

Cada día del diario le proporcionará pautas dietéticas y aliento para los aspectos físicos de su ayuno, pero también se centrará en un diferente beneficio espiritual del ayuno que se encuentre en la Biblia. Cada anotación también incluye un lugar para que usted anote sus oraciones, respuestas a la oración, pensamientos y perspectiva. Los siguientes son algunos puntos que también ayudarán:

- Tome tiempo para estar quieto delante del Señor, y escuche la voz del Espíritu.
- Anote en su diario lo que el Espíritu Santo le esté revelando.
- Escriba revelación y perspectivas que reciba durante el ayuno.
- Escriba peticiones de oración contestadas.
- Escriba cualquier sueño, y ore por su interpretación.

A medida que aparte tiempo para la reflexión, la anotación, la oración y la lectura bíblica durante su periodo de ayuno, comenzará a tocar los beneficios dinámicos del ayuno para la limpieza y la sanidad del corazón, la mente, el cuerpo y el espíritu. Ahora pasemos la página y comencemos nuestro programa.

Capítulo 2

LOS MUCHOS BENEFICIOS DE AYUNAR COMO DANIEL

Al cabo de los diez días su aspecto parecía mejor y estaban más rollizos que todos los jóvenes que habían estado comiendo los manjares del rey. Así que el mayordomo siguió suprimiendo los manjares y el vino que debían beber, y les daba legumbres.

—DANIEL 1:15–16, LBLA

L AYUNO, COMO ya hemos visto, no es nada nuevo. De hecho, ha estado ahí desde antes de Moisés. Existen muchos métodos de ayuno, al igual que muchas actitudes sobre el ayuno. Como médico, he podido ver de cerca los diversos métodos populares de ayuno; algunos de ellos son buenos, mientras que otros pueden ser verdaderamente peligrosos. Con frecuencia se piensa en el ayuno como no ingerir nada de alimentos. Técnicamente hablando eso es cierto, pero no es el tipo de ayuno que yo sugiero para la desintoxicación. Considero que el ayuno total, no comer ni beber nada, no es seguro. Su cuerpo siempre debe tener al menos unos dos litros de agua al día para sostener su vida, ya que solamente puede vivir unos pocos días sin agua. Aunque hay muchas maneras de ayunar, el tipo de ayuno que causará los beneficios de salud óptimos que se describen en este libro es la combinación de un ayuno parcial y un ayuno a base de jugos. Este tipo de ayuno proporciona fantásticos beneficios de salud a su cuerpo, mente y espíritu. Por ejemplo:

- El ayuno proporciona un descanso restaurador a su aparato digestivo.

- El ayuno ayuda a que los procesos de sanidad del cuerpo funcionen automáticamente al darles la oportunidad de descansar de otras actividades.

- Este descanso de "la digestión como siempre" a su vez permite que su hígado sobrecargado se ponga al día con su tarea de desintoxicación.

- Su sangre y su sistema linfático también reciben la necesaria limpieza de aumento de toxinas mediante el ayuno.

- El ayuno permite a sus otros órganos digestivos, que incluyen el estómago, el páncreas, los intestinos y la vesícula, un descanso bien merecido, lo cual le proporciona a sus células tiempo para sanar, repararse y fortalecerse.

Una poderosa manera natural de dar alivio a su cuerpo del peso del exceso de toxicidad, el ayuno es también una manera segura de sanar y prevenir enfermedades degenerativas. Como puede ver en la lista anterior, la principal manera en que el ayuno permite que su cuerpo se sane es al darle un descanso.

El principio del descanso

Al igual que todas las cosas vivas, usted necesita descansar. Dormir no es el único tipo de descanso que usted necesita. Su sistema digestivo y otros órganos necesitan también un descanso de su trabajo. El entender la necesidad de descanso que tienen los seres humanos no es nuevo para el hombre. Dios presentó el principio del "día de reposo" a su nación judía de la antigüedad; es uno de los Diez Mandamientos: "Acuérdate del día de reposo para santificarlo" (Éxodo 20:8). Israel recibió instrucciones concretas con respecto a este mandato divino de trabajar seis días y descansar el séptimo día de cada semana. Este principio del descanso también era importante para su sistema agrícola. Se ordenó a los israelitas que dejaran sus campos en barbecho cada séptimo año a fin de proporcionar a la tierra el "descanso" que necesitaba para restablecer sus propio contenido en minerales y nutrientes (ver Levítico 25:1–7).

Hoy día, este principio agrícola de dejar descansar el terreno se ha pasado por alto por parte de virtualmente todos los agricultores actuales. Como resultado, el terreno ha quedado mermado de algunos de los minerales y otros nutrientes que nuestros cuerpos necesitan para estar sanos; y los fertilizantes químicos no nos proporcionan el abundante contenido en minerales que un buen terreno tiene.

Es interesante observar que en el reino animal existe el hábito natural de buscar descanso y abstenerse de alimentos, en especial cuando el animal está enfermo o herido. Un animal enfermo se niega a comer y busca un lugar para descansar donde pueda beber agua y estar seguro. Algunos animales hibernan, descansando durante toda una estación sin comer.

El descanso es también un poderoso principio de sanidad para el cuerpo y la psique de los seres humanos. Cada noche, mientras usted duerme, le está proporcionando un reparador descanso a su mente y su cuerpo, lo cual contribuye a la salud de manera tremenda. La falta de sueño es una conocida forma de tortura, que destaca el hecho de nuestra necesidad innata de descanso.

El ayuno también puede considerarse un descanso "interno" para el cuerpo, pues permite restaurar la vitalidad y la energía a órganos vitales activando el maravilloso sistema de autolimpieza con el que está diseñado.

DISFRUTAR DE LOS BENEFICIOS FÍSICOS DEL AYUNO

Para ayudarle a que se convenza de los potenciales beneficios sanadores del ayuno, permita que explique brevemente el maravilloso sistema de desintoxicación que Dios diseñó para su cuerpo. El entender adecuadamente el poder innato de sanidad que reside en su cuerpo le ayudará a apreciar los fenomenales beneficios del ayuno.

El sistema natural de desintoxicación de su cuerpo

El órgano que más trabaja en el cuerpo es el hígado. Con un peso aproximado de dos kilos, es también el órgano más grande del cuerpo, del tamaño de un balón de fútbol. Está diseñado para realizar unas quinientas funciones para la salud del cuerpo. Veamos cuáles son:

1. Filtrar su sangre para eliminar toxinas como virus, bacterias y levadura

2. Almacenar vitaminas, minerales y carbohidratos

3. Procesar grasas, proteínas y carbohidratos

4. Producir bilis para descomponer las grasas para la digestión

5. Descomponer y desintoxicar el cuerpo de hormonas, productos químicos, toxinas y desechos metabólicos

Solamente en un minuto, su hígado puede filtrar unos dos litros de los cinco litros de sangre que contiene su cuerpo. Para apreciar la magnitud de esta hazaña, podría usted comparar su hígado al filtro de una piscina. El filtro necesitaría limpiar la mitad del agua de la piscina cada minuto para seguir el ritmo de lo que su hígado puede hacer. ¡Qué filtro tan increíblemente poderoso es su hígado! Si trabaja eficazmente, puede filtrar el 99% de las bacterias y las otras toxinas que hay en su sangre antes de enviar de nuevo la sangre limpia a la circulación.

Cada día su hígado produce alrededor de un litro de bilis, lo cual ayuda a digerir las grasas de los alimentos, descomponiéndolas en formas que puedan utilizarse como combustible para el cuerpo. La bilis también funciona para eliminar toxinas venenosas de su cuerpo, limpiándolas por medio de su colon. Para una discusión más completa sobre estas importantes funciones de desintoxicación de su hígado, lea mi libro *Libérese de las toxinas.*[1]

Desgraciadamente, cuando este filtro natural se ve sobrecargado de toxinas, no puede funcionar bien, muy similar a cuando un filtro de aire que está sucio en su auto no puede quitar el polvo del aire. Su hígado puede verse sobrecargado de toxinas de los alimentos y el agua; de alergias alimentarias; de parásitos; de toxinas en el aire, en el hogar o en el lugar de trabajo; y de los radicales libres producidos internamente en el hígado por el proceso mismo de desintoxicación. Al igual que el polvo y la suciedad que se acumulan en su filtro de aire, esas toxinas hacen que el hígado tenga que trabajar demasiado, y finalmente no puede funcionar con eficacia. Por eso el ayuno es tan importante para permitir que el hígado descanse y pueda "ponerse al día" con sus tareas de limpieza.

Algunas señales de toxicidad en el hígado incluyen las siguientes:

- Palidez en la piel
- Lengua saburral
- Mal aliento
- Erupciones cutáneas
- Mal color de piel
- Gusto alterado o amargo en la boca

- Ojos que pican, llorosos, hinchados y enrojecidos
- Color amarillento en los ojos
- Mal olor corporal
- Picor en la piel

Es vital que tenga usted un hígado sano a fin de tener salud. Debería hacer todo lo posible para mantener sano a este órgano campeón y que trabaje a pleno rendimiento. El ayuno es una manera maravillosa de mejorar la eficiencia de su sistema de desintoxicación. Los primeros veintiún días del programa de ayuno que se presenta en la sección tercera están pensados para proporcionarle un programa nutricional que apoye y fortalezca su hígado.

Recuperar un sistema digestivo sano

¿Ha trabajado alguna vez con una computadora que estuviera sobrecargada de archivos, programas y basura innecesaria? Si es así, comprenderá usted que como resultado de estar sobrecargada, su computadora trabaja con más lentitud cada vez, y quizá finalmente da su último aliento y se niega a trabajar. Su sistema digestivo puede sufrir una suspensión de trabajo de modo similar, como resultado de haberlo sobrecargado de demasiada comida basura. Cuando la gente come en exceso regularmente o consume una cantidad inadecuada de fibra, presiona enormemente su sistema digestivo. Lo que es aún peor, muchas personas comen en exceso por la noche, lo cual no permite que el sistema digestivo pueda descansar cuando se van a la cama, pues sigue digiriendo toda esa "comida".

El intestino delgado ha sido diseñado para varias funciones importantes a fin de mantener su salud.

- Actúa como un órgano de digestión y absorción de nutrientes para repostar el nivel de energía de su cuerpo.

- Se convierte en una barrera protectora para evitar que su cuerpo absorba materiales tóxicos y otros indeseables, como grandes moléculas de alimentos no digeridos.

- Permite la rápida absorción de nutrientes necesarios, como los triglicéridos, de la digestión de grasas, azúcares de la digestión de carbohidratos, aminoácidos y dipéptidos y tripéptidos de la digestión de proteínas: todos ellos compuestos vitales necesarios para asegurar su salud.

- También elimina toxinas, metales pesados, alimentos no digeridos y otros materiales que podrían causar daño a su cuerpo.

En el capítulo tres hablaremos de las enfermedades físicas concretas que pueden prevenirse e invertirse por medio del ayuno regular, pero los siguientes son algunos de los beneficios generales que su cuerpo disfrutará.

Mayor energía y claridad mental

Un maravilloso beneficio de la limpieza del cuerpo mediante un ayuno adecuado es un mayor nivel de energía. Las toxinas celulares y los radicales libres afectan a la mitocondria (las fábricas de energía en cada célula), poniendo obstáculos para que puedan producir energía eficazmente. Como resultado, puede usted sufrir fatiga, irritabilidad y letargo. Pero cuando ayuna, permite que sus células se despojen de muchas toxinas a fin de poder volver a producir la energía que usted necesita. Junto con una mayor energía, lo más probable es que disfrute de una mejora en las funciones mentales, a medida que su cuerpo limpia, repara y rejuvenece cada órgano, incluyendo su cerebro.

Potenciación de su sistema inmunológico

El ayuno breve también potenciará su sistema inmunológico, lo cual ayudará a prevenir enfermedades y le proporcionará una vida más larga. Junto con una mejora en la calidad de vida, descubrirá usted que el ayuno hasta le proporciona un mejor aspecto. Su piel se irá volviendo más clara, dándole un brillo no visto desde su juventud. El blanco de sus ojos normalmente se aclarará; puede que hasta centelleen.

Restauración del delicado equilibrio de la naturaleza

Cuando su cuerpo es demasiado ácido, los minerales preciosos se pierden en la orina y las células se vuelven menos permeables, lo cual significa que no pueden excretar los productos de desecho de manera eficaz. En cierto sentido, sus células se vuelven estreñidas; están llenas de desechos y no pueden eliminarlos. A medida que las células se vuelven cada vez más tóxicas, aumenta la actividad de los radicales libres, y la sobrecarga tóxica continua acumulándose hasta que su cuerpo comienza a deteriorarse y se producen enfermedades degenerativas. Sin embargo, el ayuno devuelve el equilibrio natural; alcaliniza los tejidos y eleva el pH. Eso capacita a las células para volver a excretar toxinas y da comienzo al proceso de desintoxicación de su cuerpo de la cabeza a los pies.

Ayuda a perder peso

El ayuno no solamente libera a su cuerpo de productos químicos que causan enfermedades, sino que también lo libera de grasas tóxicas. Si tiene usted sobrepeso, y hasta una importante obesidad, uno de los beneficios ciertos y maravillosos del ayuno parcial y a base de jugos es que puede ayudar a que su cuerpo regrese al tamaño normal y sano que Dios quiso que tuviera. Un programa de ayuno regular y sensato puede hacerle adelgazar con mucha rapidez, y también experimentará el beneficio más importante de reducir las áreas grasas en su cuerpo, donde estaban almacenadas las toxinas y los productos químicos.

Precaución: Cuándo no debería ayunar

Hay condiciones de salud y otras situaciones que prohíben el ayuno a ciertos individuos. Aunque la siguiente lista no es exhaustiva, sí que incluye algunas enfermedades importantes que evitan que usted ayune. Por favor, consulte a su médico antes de pensar en un ayuno, sea cual sea su estado de salud.

- No ayune si está embarazada o dando el pecho.
- No ayune si está muy debilitado o malnutrido, como los pacientes con cáncer, SIDA, anemia severa o cualquier otra enfermedad grave debilitante.
- No ayune antes o después de una operación, ya que puede interferir con su capacidad de recuperación.
- No ayune si sufre de arritmia cardiaca o insuficiencia cardiaca congestiva.
- No ayune si batalla con alguna enfermedad mental, las cuales incluyen esquizofrenia, desorden bipolar, depresión profunda y ansiedad severa.

- No ayune si sufre una grave enfermedad de hígado o riñón.

- No ayune si es usted diabético de tipo 1.

- No ayune si está tomando antiinflamatorios, aspirinas, antidepresivos, narcóticos, quimioterapia o diuréticos. (Es seguro tomar medicación como hormonas tiroideas y terapia hormonal sustitutiva durante un ayuno. Consulte siempre con su médico antes de ayunar si está usted siguiendo cualquier medicación).

- No ayune si está tomando prednisona. Antes tendrá que dejar progresivamente esta medicación bajo supervisión médica. (Puede continuar tomando dosis bajas de medicamentos para la hipertensión durante un ayuno mientras esté siendo supervisado por un médico. Sin embargo, esto no incluye los diuréticos.)

Como médico, trato de ayudar a que mis pacientes vayan dejando progresivamente su medicación antes de supervisar un ayuno para ellos. Si su médico no puede bajarle la medicación, entonces puede que sea más seguro comenzar con el ayuno a base de jugos que se bosqueja en el capítulo siete.

Para un ayuno más extenso, yo recomiendo que antes su médico le haga un chequeo o un examen físico, incluyendo análisis de sangre y electrocardiograma. Yo normalmente realizo un chequeo (SMAC 24), que incluye pruebas de funcionamiento del riñón (incluyendo la prueba de creatinina y nitrógeno ureico en la sangre [BUN]), electrolitos, pruebas de funcionamiento del hígado, azúcar en la sangre, colesterol y triglicéridos. Junto con ese examen, también realizo un CBC, análisis de orina y electrocardiograma. Esas pruebas deberían realizarse antes del ayuno.

Durante al ayuno, yo normalmente haré esas pruebas una o dos veces por semana. En cada visita al médico, dígale si experimenta usted cualquier debilidad grave, fatiga o mareos, y también si experimenta un ritmo cardíaco irregular. Una vez más, si desarrolla un latido o un pulso irregulares, debería ser examinado por su médico y es probable que deba poner fin al ayuno.

Durante un ayuno es críticamente importante asegurarse de que su nivel de potasio en la sangre permanezca dentro del espectro normal. Un nivel de potasio bajo puede causar peligrosas arritmias y hasta la muerte. Por eso es críticamente importante no tomar diuréticos cuando se ayuna. El ayuno a base de jugos, por el contrario, proporciona altas cantidades de potasio en los jugos recién exprimidos; por tanto, es muy improbable que su nivel de potasio descienda mientras hace un ayuno a base de jugos. Los ayunos a base de agua tienen más probabilidades de causar niveles bajos de potasio. Normalmente durante un ayuno, el nivel de ácido úrico se eleva; sin embargo, no es causa de preocupación, ya que es una respuesta normal del cuerpo al ayuno. No obstante, si sufre usted de gota, necesitará que su médico le supervise, y tendrá que beber cantidades adecuadas de agua embotellada, y no agua del grifo.

Los niños de menos de dieciocho años de edad no deberían seguir un estricto ayuno a base de jugos a menos que sea bajo supervisión médica.

Cosechar los beneficios de comer saludable

Sea que las enfermedades físicas eviten que usted ayune o no, hay pasos que todos pueden dar para mejorar la salud intestinal y establecer un plan para comer sano. Recomiendo que, además de utilizar el programa de desintoxicación y ayuno presentado en este libro, haga usted lo siguiente:

- Evite siempre comer en exceso.

- Vacune de nuevo el intestino con suplementos que contengan bacterias buenas: *lactobacillus acidophilus* para el intestino delgado, y *bífidus* para el intestino grueso. Esas bacterias beneficiosas también pueden ayudar a prevenir daños en el revestimiento del aparato digestivo, manteniendo así una permeabilidad intestinal normal.

- Absténgase de comer en exceso antes de irse a la cama.

- Determine disminuir el estrés de su vida, en especial cuando coma, escogiendo comer en una atmósfera relajada y apacible.

- Llene su despensa de alimentos sanos y elimine los alimentos procesados, refinados y desvitalizados.

Ayunar y establecer planes para comer sano son los dos primeros pasos para ayudarle a sentirse y a verse mejor de lo que se ha visto en años. Sin embargo, a fin de mantener su cuerpo desintoxicado de las dañinas toxinas que hay en nuestro mundo, tendrá que ayunar repetidamente para desintoxicar el cuerpo y lograr una salud vibrante. El ayuno regular es una manera sana y bíblica de limpiar su cuerpo y su alma. En el siguiente capítulo echaremos un vistazo a los beneficios que podemos experimentar, cuando nos embarcamos en un estilo de vida sano que incorpora el ayuno regularmente.

Capítulo 3

ADOPTAR UN ESTILO DE VIDA DE AYUNO

Pasados, pues, los días al fin de los cuales había dicho el rey que los trajesen, el jefe de los eunucos los trajo delante de Nabucodonosor. Y el rey habló con ellos, y no fueron hallados entre todos ellos otros como Daniel, Ananías, Misael y Azarías.

—DANIEL 1:18–19

ONFÍO EN QUE a medida que se embarque usted en esta desintoxicación bosquejada en este libro, descubrirá que su cuerpo físico es un desintoxicante increíble y natural. No hay duda de que usted cosechará muchos beneficios durante este programa de desintoxicación. Pero la desintoxicación es algo más que un cambio de veintiocho días; es un cambio de estilo de vida.

En este mundo tóxico, se necesita más que un enfoque pasivo del cuidado sanitario para vivir vidas prolongadas, sanas, activas y libre de enfermedades. Se necesita sabiduría. En la primera sección de este libro, le presenté la sabiduría que yo he obtenido como médico. A medida que usted siga aplicando estas verdades en el futuro, cosechará la maravillosa recompensa de una energía, vitalidad y salud renovadas.

El poder de una mejor salud mediante la desintoxicación es suyo. Le aliento a que persiga su propia buena salud con agresividad examinando exhaustivamente su dieta y estilo de vida. ¡Su propio futuro sano está en sus manos! A medida que se prepare para este ayuno corto, de veintiocho días, también necesita prepararse para un prolongado cambio de estilo de vida que ponga su salud en primer lugar.

Al comenzar a pensar sobre su nuevo estilo de vida sano,

27

recuerde que Dios creó su cuerpo para tratar rápida, limpia y eficazmente con cualquier toxina que pueda encontrar. En este capítulo me gustaría presentarle algunos de los beneficios para su cuerpo físico al incluir periodos de ayuno regular en su estilo de vida sano. La excesiva acumulación de toxinas contribuye a muchas enfermedades físicas. El ayuno regular es una manera de eliminar esas toxinas y de restablecer su cuerpo a una mejor salud.

Para comenzar, considere la lista de algunas de las enfermedades que con frecuencia están directamente relacionadas con una acumulación de toxinas:

- Abdomen hinchado
- Alergias a alimentos y medioambiente
- Angina
- Arteriosclerosis
- Artritis reumatoide
- Asma
- Cáncer
- Colitis ulcerosa
- Depresión
- Diabetes
- Diarrea crónica
- Disminución del impulso sexual
- Dolor de espalda crónico
- Dolores de cabeza
- Eczema, acné crónico y otras enfermedades cutáneas
- Enfermedad arterial coronaria
- Enfermedad de Crohn
- Enfermedades mentales
- Eructos
- Esclerosis múltiple
- Estreñimiento
- Fatiga
- Fibromialgia
- Gas
- Hipertensión
- Insomnio
- Lupus
- Obesidad
- Pérdida de memoria
- Problemas menstruales
- Psoriasis
- Síndrome de intestino irritable

El ayuno regular tiene increíbles beneficios sanadores para aquellos de nosotros que sufrimos enfermedades. Desde resfriados y gripe hasta enfermedades cardíacas, el ayuno regular es un poderoso recurso para la sanidad del cuerpo. Veamos algunas maneras en que puede utilizarse el ayuno regular para dar salud y sanidad a un cuerpo enfermo.

AYUNO PARA LA DIABETES TIPO 2

Si sufre usted de diabetes tipo 1 no debería ayunar. Sin embargo, el ayuno es muy efectivo para la mayoría de diabetes tipo 2. Los diabéticos tipo 2 no deberían ayunar utilizando frutas o verduras que tengan un alto índice glicérico, como el jugo de zanahoria. En cambio, deberían ayunar utilizando un suplemento proteínico alto en fibras que esté bien equilibrado. (Ver Apéndice B.) También es críticamente importante para los diabéticos que realicen una dieta glicérica baja y un programa de ejercicios aeróbicos. Para más información sobre la diabetes, consulte *La nueva cura bíblica para la diabetes.*[1]

Debido a que la mayoría de las personas con diabetes tipo 2 también sufren de obesidad, el ayuno es una estupenda manera de conquistar sus problemas de peso. Pero recuerde que el ayuno demasiado prolongado puede disminuir su ritmo metabólico y predisponerlo para volver a aumentar de peso. Los ayunos breves y frecuentes a base de jugos (unos tres días cada mes) seguidos de un plan de comidas sanas pueden mantener la obesidad bajo control de modo rápido y fácil.

AYUNO PARA LAS ENFERMEDADES CORONARIAS

El ayuno es muy efectivo para el tratamiento de enfermedades cardíacas y enfermedad vascular periférica, las cuales normalmente se producen en las piernas. La enfermedad vascular periférica es sencillamente una acumulación de placa o arteriosclerosis, normalmente en las arterias de las extremidades inferiores. El ayuno periódico puede ayudar a quitar la placa de las arterias.

Mientras ayuna, si sufre de alguna importante enfermedad coronaria o vascular periférica, descubrirá que sus niveles de colesterol aumentan más durante el ayuno. Eso sucede porque su cuerpo está en el proceso de descomponer la placa que está formada en las arterias, así que no se alarme. Yo siempre examino la sangre antes de prescribir un ayuno para mis pacientes. Siempre me siento muy alentado cuando veo un dramático aumento en el colesterol en quienes tienen enfermedades cardíacas o vasculares periféricas mientras ayunan. Sé que el ayuno está haciendo su trabajo, y normalmente la placa está siendo descompuesta y quitada mientras se ayuna.

Ayuno para los tumores benignos

Realizar mi ayuno de veintiocho días puede ayudar a reducir el tamaño de los tumores benignos, los cuales incluyen quistes de ovarios, enfermedad de senos fibroquísticos, lipomas, quistes sebáceos y hasta fibroides en el útero. Si tiene usted un cáncer avanzado, no debería ayunar, aunque el ayuno regular le ayudará con toda seguridad a prevenir el cáncer.

Ayuno para la enfermedad de Crohn y colitis ulcerativa

El ayuno es muy efectivo para pacientes tanto con enfermedad de Crohn como con colitis ulcerativa. Estas enfermedades normalmente están relacionadas con un aumento de la permeabilidad intestinal, sobrecarga tóxica en el hígado, candidiasis muy desarrollada, parásitos, disbiosis intestinal (bacteria mala) y numerosas alergias y sensibilidades a los alimentos.

Muchos de mis pacientes con enfermedad de Crohn o con colitis ulcerativa son muy sensibles a todos los productos lácteos, hierbas (incluyendo los chiles jalapeños, patatas, tomates y berenjenas), productos con trigo, y con frecuencia también los productos que contienen levadura. Esos individuos son, en general, muy sensibles a todas las formas de azúcar. Los azúcares simples deberían, por tanto, ser totalmente eliminados de su dieta.

Debido a su sensibilidad al azúcar, a esas personas les va mejor un suplemento equilibrado con proteína de arroz (ver Apéndice B) o un ayuno a base de agua. El ayuno a base de jugos con jugos vegetales bajos en glucemia normalmente también es efectivo. Sin embargo, los jugos pueden agravar la enfermedad y conducir a un empeoramiento o a la diarrea.

Una vez que termine su ayuno, continúe comiendo productos de arroz, principalmente arroz integral, arroz silvestre, pan de arroz integral y galletas de arroz. Poco a poco vuelva a introducir una dieta baja en proteínas, principalmente vegetariana, en su estilo de vida sano, similar a las tres primeras semanas del programa. Además, mantenga un buen diario alimenticio para descubrir qué alimentos le causan sensibilidad, y evite cualquier cosa que irrite su aparato digestivo.

AYUNO PARA LAS ENFERMEDADES AUTOINMUNES

Las enfermedades autoinmunes son simplemente enfermedades en las cuales el sistema inmunológico se ataca a sí mismo. Un sistema inmunológico sano puede diferenciar entre células normales y células invasoras. Sin embargo, en las enfermedades autoinmunes, como el lupus y la artritis reumatoide, el sistema inmunológico se confunde y en realidad produce anticuerpos que atacan e inflaman los propios tejidos del cuerpo. Finalmente puede dañar, e incluso, destruir el tejido. La artritis reumatoide y el lupus son enfermedades autoinmunes que, con frecuencia, están relacionadas con una permeabilidad intestinal alterada. Eso también puede ocurrir cuando usted toma demasiados antibióticos que disminuyen la cantidad de bacterias beneficiosas en los intestinos o si su aparato intestinal ha sido dañado por medicamentos antiinflamatorios, aspirinas o alergias a alimentos.

Las enfermedades autoinmunes también pueden verse agravadas o ser causadas por una mala digestión y el exceso de consumo de carnes. La mayoría de los estadounidenses comen mucha carne y otras proteínas animales. Nuestros cuerpos no están equipados para producir la cantidad necesaria de ácido hidroclorídrico y enzimas digestivas para digerir tanta carne. Si esto se combina con la carga de estrés bajo la cual vivimos la mayoría de nosotros, que reduce aún más la cantidad de jugos digestivos como el ácido hidroclorídrico y las enzimas pancreáticas, ¡no es de extrañar que tengamos una epidemia de hinchazón, gas e indigestión!

Comemos demasiadas proteínas para la cantidad de ácido hidroclorídrico y enzimas digestivas que tenemos; por tanto, nuestros estómagos e intestinos normalmente no pueden descomponer las proteínas en aminoácidos individuales tan bien como debieran, y se forman los péptidos, que son proteínas digeridas de modo incompleto. Los péptidos pueden ser absorbidos directamente al flujo sanguíneo si tiene usted una permeabilidad intestinal alterada, y su cuerpo puede formar anticuerpos para atacar a esas sustancias extrañas. Una vez más, el cuerpo puede comenzar a atacarse a sí mismo; si eso ocurre, se producirá inflamación.

Demasiadas proteínas, una mala digestión y permeabilidad intestinal alterada constituyen la receta para las enfermedades autoinmunes, como la artritis reumatoide y el lupus. Tales enfermedades son raras en países como Japón, China y África, donde la gente come principalmente fruta, verduras y granos integrales.

Pero cuando esas mismas personas llegan a los Estados Unidos y adoptan nuestra dieta, corren un gran riesgo de desarrollar finalmente enfermedades autoinmunes. El ayuno es una de las terapias más eficaces para tratar las enfermedades autoinmunes, pero cuanto más temprana sea la etapa de la enfermedad, mejor. El ayuno a base de jugos es especialmente beneficioso en las enfermedades autoinmunes. Sin embargo, algunos médicos han obtenido notables resultados con el ayuno a base de agua. Si está siguiendo usted un ayuno, en especial a base de agua, para una enfermedad autoinmune, asegúrese de estar bajo la supervisión de su médico. Yo no recomiendo los ayunos a base de agua para individuos con un peso insuficiente.

Si ha estado tomando prednisona u otros esteroides, es muy importante ir dejando esos medicamentos poco a poco, bajo supervisión médica, antes de ayunar. Asegúrese de buscar señales de supresión suprarrenal, que incluye grave debilidad y fatiga, rápido ritmo cardíaco y baja presión arterial. Puede que necesite meses para abandonar con éxito esos medicamentos.

Después del ayuno, los pacientes con enfermedades autoinmunes deberían disminuir el consumo de toda proteína animal, productos lácteos y huevos como parte de su estilo de vida sano. También puede ser útil evitar los productos con trigo y los tubérculos (como tomates, patatas, chiles y berenjenas) y, en cambio, escoger pan de arroz integral, galletas de arroz, pastas de espelta y otros productos de arroz.

Ayuno para las alergias y el asma

El ayuno a base de jugos es extremadamente útil si usted tiene alergias o asma. Sus pulmones, al igual que todo su aparato respiratorio, son órganos de eliminación vitalmente importantes para eliminar toxinas. El ayuno, a menudo, elimina muchos de los productos irritantes y toxinas que desencadenan la hiperactividad en las vías respiratorias.

Las alergias, tanto las relacionadas con el aire como con los alimentos, normalmente mejorarán de manera dramática durante un ayuno. Los síntomas alérgicos mejoran y, a veces, desaparecen por completo. Sin embargo, es importante estar seguro de no ser alérgico a ninguno de los jugos o alimentos que se consumirán. Mantenga un diario de alimentos mientras ayuna, y utilícelo para ayudarle a evitar cualquier cosa que pueda desencadenar síntomas alérgicos o síntomas de asma.

Ayuno para la psoriasis y el eczema

He descubierto que muchos de mis pacientes con psoriasis o eczema sufren de numerosas sensibilidades a alimentos. Normalmente tienen una permeabilidad intestinal aumentada y problemas para desintoxicar el hígado.

Es críticamente importante para quienes tienen psoriasis o eczema ayunar con jugos a los que no sean alérgicos o usar un suplemento proteínico de arroz que esté equilibrado. (Ver Apéndice B.) Es mejor realizar antes una prueba de alergia a alimentos o escoger jugos según el tipo de sangre que se tenga. Para más información sobre los jugos compatibles con ciertos tipos de sangre, refiérase a mi libro *Libérese de las toxinas*.

Si tiene usted psoriasis o eczema, puede que también tenga un sobrecrecimiento de levadura en su aparato intestinal. Si lo tiene, antes de ayunar siga una dieta para la candidiasis durante al menos tres meses. Para más información sobre la candidiasis y el sobrecrecimiento de levadura, refiérase a mi libro *The Bible Cure for Candida and Yeast Infections* [La cura bíblica para la candidiasis y las infecciones por hongos]. Si descubre que no responde bien a un ayuno con jugos, puede intentar un ayuno equilibrado en proteínas de arroz (ver Apéndice B), que ayuda a desintoxicar el hígado. Este es un ayuno excelente para individuos con psoriasis, eczema, fibromialgia, fatiga crónica, migraña, dolores de cabeza, múltiples sensibilidades químicas y enfermedades autoinmunes; también es bueno para cualquiera con problemas de capacidad para la desintoxicación.

El ayuno a base de agua también puede ser eficaz para la psoriasis o el eczema, pero debe hacerse bajo una estrecha supervisión. Si usted decide ayunar con agua, suplemente su ayuno con infusiones desintoxicantes como el té de diente de león y leche de cardo.

Antes de hacer cualquier ayuno para la psoriasis o el eczema, siga el ayuno de veintiún días de apoyo para el hígado que es parte de mi programa de ayuno de veintiocho días. Si tiene usted psoriasis, es probable que tenga un importante aumento de permeabilidad intestinal al igual que un exceso de carga tóxica en su hígado. Es críticamente importante reparar su aparato digestivo y desintoxicar su hígado, lo cual un ayuno con proteínas de arroz ayuda a lograr. Es también muy importante evitar alimentos a los que sea usted alérgico.

Los pacientes con eczema normalmente son sensibles a los productos lácteos y los cacahuetes, por lo que esos alimentos deben eliminarse. Los pacientes con psoriasis, muchas veces son sensibles a los tomates, las patatas, los chiles y las berenjenas, la carne roja, al cerdo, al marisco, los productos lácteos y los alimentos fritos. Por lo tanto, deberían eliminarse esos alimentos.

Ayuno para la hipertensión

¿Tiene usted la presión arterial alta? Una de las mejores maneras de tratar la hipertensión es seguir un ayuno a base de jugos. Antes de ayunar, primero debería tratar de ir dejando toda la medicación bajo supervisión médica. Aumente la cantidad de agua que bebe (no agua del grifo) hasta al menos de dos a tres litros al día. Siga las pautas para el ayuno de desintoxicación que se bosquejan en este libro y las instrucciones de mi libro *La nueva cura bíblica para la presión alta.*[2]

Ayuno para los resfriados y la gripe

Cuando tenga resfriados o gripe, ayune bebiendo mucha agua y jugos naturales frescos, y descanse mucho. Esto ayudará a su sistema a expulsar materiales tóxicos por medio de la mucosidad que crea. Permita también que su fiebre queme su infección. No se apresure a visitar al médico y tomar muchos medicamentos para detener los síntomas, pues algunos de ellos son importantes para la desintoxicación. Sin embargo, si tiene una fiebre superior a 38.8 grados, debería examinarlo un médico. Si su fiebre es superior a 38 grados y persiste más de unos días, también debería examinarlo un médico. Para los niños, obtenga ayuda médica lo antes posible.

Puede usted sobreponerse a muchas enfermedades infecciosas eliminando todos los productos lácteos. Elimine también alimentos que forman mucosidad, como los huevos y los cereales procesados. Esos cereales incluyen: tortitas, rosquillas, pan blanco, galletas saladas, pretzels, bollos, salsas de carne, arroz blanco, pasteles y tartas. Además, reduzca el consumo de margarina, mantequilla y otros aceites saturados e hidrogenados. Evite también los dulces, como caramelos, galletas, pasteles, tartas, rosquillas, y otros más.

Cuando se enferme, no acuda al instante a los antibióticos. Los antibióticos pueden proporcionar una gran ayuda cuando usted está muy enfermo con una infección por bacterias, pero el uso excesivo de antibióticos puede hacerle daño, y habrá creado tipos de bacterias resistentes. Entienda que los antibióticos no tratarán los virus, los cuales causan la mayoría de las infecciones.

Muchos médicos recetan antibióticos para resfriados y gripes que ni siquiera responden a los antibióticos. Si ha tenido usted una fiebre como la descrita anteriormente, acuda a ver a su médico, pero no insista en que le recete antibióticos a menos que el médico lo recomiende. Para más información, refiérase a *La cura bíblica para el resfriado, la gripe y la sinusitis*.[3]

Permita que el sistema inmunológico de su propio cuerpo sea su primera defensa contra las infecciones. El uso excesivo de antibióticos crea levadura y sobrepoblación de bacterias perjudiciales en el aparato intestinal, y un mayor riesgo de desarrollar permeabilidad intestinal perjudicial y una mayor carga tóxica en el hígado.

Estos son algunos de los increíbles resultados físicos que puede usted experimentar mediante el ayuno regular. Vamos ahora y veamos cómo nuestras vidas diarias se construyen con toda clase de toxinas, tanto exterior como interiormente, que pueden dirigirnos a una salud pobre.

Capítulo 4

UN MUNDO LLENO DE TOXINAS

Se propuso Daniel en su corazón no contaminarse con los manjares del rey ni con el vino que él bebía, y pidió al jefe de los oficiales que le permitiera no contaminarse.

—DANIEL 1:8, LBLA

IVIMOS EN UN mundo tóxico, uno que tiene un grave efecto sobre su cuerpo cada día, lo sepa usted o no. Los avances tecnológicos desde la Revolución Industrial han dado como resultado peligrosos productos químicos y contaminantes que consiguen llegar hasta nuestras aguas, tierra y aire: toxinas que entran y se acumulan en nuestros cuerpos, causando toxicidad y, finalmente, las enfermedades. Cada día estamos expuestos a muchos tipos de toxinas, y algunas se acumulan lentamente en nuestros cuerpos.

Esas toxinas han cambiado nuestro medioambiente: alrededor de nosotros y dentro de nuestros cuerpos. Por ejemplo, en este momento:

- Prácticamente todo el mundo tiene plomo almacenado en sus huesos.[1]

- Pequeñas cantidades de pesticida DDT o químicos DDE normalmente se encuentran en su tejidos adiposos.[2]

- Los productos químicos en el agua potable son ahora un problema importante en los Estados Unidos debido a la contaminación.

- En 1993, más de ochocientas mil toneladas de productos químicos tóxicos fueron lanzados a nuestra atmósfera.[3]

- Los pesticidas han sido relacionados con el cáncer cerebral, cáncer de próstata, leucemia y linfoma, y se rocían sobre nuestra producción agrícola y están presentes en concentraciones más altas en los cortes grasos de carne y en los productos lácteos con alto contenido en grasas, como mantequillas y queso.

ENFERMA Y TÓXICA

El plomo, un metal suave y maleable, se utiliza en la construcción de edificios, baterías, balas, cerámica vidriada y otros productos. Debido a su uso continuo y tan amplio, el plomo ha afectado a todo nuestro planeta por medio de la contaminación transmitida por el aire. Se ha encontrado en áreas tan remotas como en el Círculo Polar Ártico y entre los aborígenes de Nueva Guinea que viven alejados de cualquier fuente de exposición al plomo.

El plomo, el mercurio, y otros metales y productos químicos que han contaminado gran parte de nuestra agua, alimentos y aire no son biodegradables, lo cual significa que no se descomponen fácilmente en formas menos dañinas. Y no sólo es nuestra tierra a la que se le hace difícil descomponer esos productos químicos. También es difícil para nuestros cuerpos desintoxicarlos o eliminarlos con eficacia. Muchas veces carecemos de las enzimas necesarias para metabolizarlos. Por lo que esos productos químicos se quedan almacenados en nuestros cuerpos. Se ha establecido que tenemos entre quinientas a setecientas veces más plomo en nuestros huesos del que tenían nuestros antepasados.[4]

Si nuestra tierra está enferma y es tóxica, entonces hay muchas probabilidades de que la mayoría de nosotros finalmente acabemos enfermos y con toxinas. Desgraciadamente, somos incapaces, en la mayoría de los casos, de oler, gustar, ver o sentir la mayor parte de los productos químicos a los cuales estamos expuestos diariamente. Como resultado, cada vez se hace más difícil evitar la exposición a ellos. Si no limpiamos nuestros cuerpos de esos venenos, finalmente desarrollaremos fatiga, enfermedades crónicas degenerativas y quizá hasta cáncer. ¿Podrían todas esas toxinas que hay en nuestro medio ambiente ser la causa por la cual una de cada siete mujeres en los Estados Unidos desarrolla cáncer de mama y uno de cada seis hombres en los Estados Unidos desarrolla cáncer de próstata?[5]

TOXINAS EN NUESTRO AIRE

Parte del aire que respiramos está contaminado por los gases de nuestros autos, trenes y aviones, y por la contaminación de plantas industriales, desperdicios, y más. El monóxido de carbono constituye aproximadamente la mitad de los contaminantes del aire, y la mayoría proviene del combustible. Este peligroso gas se ha relacionado directamente con las enfermedades cardíacas.[6]

Los metales pesados y otros contaminantes son emitidos desde plantas de fundición, refinerías de petróleo e incineradoras. El ozono es el principal producto químico en el humo. Irrita los ojos al igual que las vías respiratorias. El humo y la contaminación en algunas de nuestras principales ciudades son a veces tan altos en los meses de verano que se advierte a los residentes contra los riesgos de hacer ejercicio al aire libre.

El aire puede llegar a cargarse tanto de productos químicos que algunas veces puede resultar difícil ver.

Podemos vivir durante semanas sin alimentos y durante días sin agua, pero solamente durante minutos sin aire. Si el aire que inhalamos contiene humo, productos químicos, monóxido de carbono, metales pesados y otros contaminantes, entonces pasa a nuestra nariz, a nuestros pulmones, y llega a nuestra circulación sanguínea. Con cada respiración, los productos químicos tóxicos realmente son bombeados por el corazón a cada célula de nuestros cuerpos por medio del flujo sanguíneo.

TOXINAS EN NUESTROS ALIMENTOS Y NUESTRA TIERRA

Los pesticidas siguen siendo rociados en nuestra tierra y, como consecuencia, se abren camino hasta nuestros alimentos para después almacenarse en tejidos adiposos como el cerebro, el corazón y la próstata. Cada año aproximadamente un millón de toneladas de pesticidas y herbicidas son rociados sobre las cosechas en los Estados Unidos que constituyen nuestras reservas de alimentos.[7] Los agricultores que trabajan muy cerca de esos productos químicos corren un riesgo mucho más alto de desarrollar ciertos tipos de cáncer, en especial cáncer cerebral, cáncer de próstata, leucemia y linfoma.[8] Se sabe que algunas de esas peligrosas sustancias permanecen durante cientos y hasta miles de años antes de descomponerse.

El DDT es un veneno muy peligroso que fue prohibido en el año 1972 debido a su efecto devastador sobre la vida salvaje, causando múltiples anormalidades en las cáscaras de los huevos de muchas aves y deformidades de los órganos reproductores de muchos otros animales.

Águilas de cabeza blanca, cóndores, caimanes y otros animales desarrollaron deformidades, y sus poblaciones disminuyeron dramáticamente. A pesar de ello, los residuos de DDT o de DDE siguen estando presentes en los cuerpos de prácticamente todos los estadounidenses. Los pesticidas se han relacionado con un menor recuento de esperma en hombres y con mayores cantidades de xenoestrógeno en mujeres. El xenoestrógeno es un producto químico falsificado que engaña al cuerpo para que lo acepte como al genuino estrógeno. Este estrógeno es más potente que el estrógeno fabricado por los ovarios. Cuando eso sucede, las hormonas de la mujer pueden llegar a estar gravemente desequilibradas, conduciendo a síntomas de SPM, enfermedades fibroquísticas en el seno y potencialmente endometriosis. Puede hasta tener un efecto estimulante sobre el cáncer de mama y el cáncer endometrial.[9]

No hay duda de que usted ha intentado lavar una brillante manzana roja o un oscuro pepino verde solo para descubrir que estaban cubiertos de una capa de película cerosa que es casi imposible de quitar lavando. Los cultivadores hacen eso a propósito. La cera evita que el producto se deshidrate no dejando salir el agua, y hace que los vegetales se vean luminosos, brillantes y sanos. Sin embargo, la mayoría de esas ceras contienen poderosos pesticidas o fungicidas que han sido añadidos para evitar que el alimento se eche a perder. Si quiere usted estar sano, quite esas ceras (vea el capítulo ocho para obtener más información sobre cómo hacerlo) o compre productos orgánicos que no contienen esas ceras.

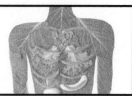

HECHO RELATIVO: Los productos orgánicos y carnes orgánicas de corral son típicamente muy bajas en pesticidas.

Debido a que normalmente se encuentran altas concentraciones de pesticidas en los alimentos para animales, también nuestras carnes terminan contaminadas con pesticidas. Los pesticidas se acumulan en los tejidos adiposos de los animales que comemos. Cuando mordemos un pedazo de bistec, de una grasosa hamburguesa, de salchichas, de beicon, de mantequilla y de crema, ingerimos aún más residuos de pesticidas. Nuestros cuerpos están diseñados para eliminar las toxinas que comemos, pero cuando los pesticidas no son descompuestos y eliminados del cuerpo, se almacenan en sus tejidos adiposos.

Los pesticidas son fácilmente absorbidos en el cuerpo mediante el contacto con la piel, al respirarlos e ingerirlos por la boca. Aunque el cuerpo está diseñado para eliminar esos venenos peligrosos, la cantidad de ellos que encontramos diariamente es mucho mayor de lo que nuestros cuerpos pueden asimilar tal como fueron diseñados. Por tanto, los pesticidas, sus metabolitos y otras toxinas peligrosas, finalmente se acumulan en nuestros cuerpos con el paso del tiempo. Y cuanto mayor acumulación, más difícil es para el cuerpo eliminarlos. Cuando tal residuo de pesticidas se acumula en el cuerpo, podemos comenzar a experimentar los siguientes síntomas o enfermedades:

- Alergias
- Ansiedad
- Enfermedades autoinmunes
- Depresión
- Fatiga
- Fibromialgia

- Múltiple sensibilidad a productos químicos
- Parkinson y otras enfermedades neurodegenerativas
- Posiblemente cánceres sensibles a hormonas, como el de mama, ovarios, útero y próstata
- Otras formas de enfermedad mental
- Psicosis
- Pérdida de memoria

TOXINAS EN NUESTRA AGUA

La mayoría de los productos químicos que han sido emitidos al aire, rociados a los cultivos o echados en los vertederos, finalmente acabarán en nuestras aguas. Las lluvias limpian esos productos químicos del aire y de la tierra, y se depositan en lagos y ríos.

Los nitratos de los pesticidas, herbicidas y fertilizantes finalmente terminan en los acuíferos subterráneos. Las toxinas que se acumulan en las plantas de desechos químicos y vertederos pueden también finalmente filtrarse a las reservas de agua y contaminarlas. Hasta los tanques subterráneos que contienen gasolina pueden filtrarla al agua de la tierra. Las tormentas pueden realmente llevar esos productos químicos tóxicos a las corrientes de agua y las grandes acumulaciones de agua. Tarde o temprano, pueden hacerse camino hasta nuestra agua potable.

Las reservas de agua proporcionan agua potable a aproximadamente la mitad de las personas en los Estados Unidos. Con frecuencia, los municipios tratan el agua con aluminio para quitar el material orgánico, y quedan restos de aluminio en el agua potable.

La mayoría de las ciudades también añaden fluoruro al agua. El fluoruro inhibe parcialmente aproximadamente cien encimas en el cuerpo; interfiere en las funciones de las vitaminas y los minerales y está relacionado con los depósitos de calcio y la artritis.

También se añade cloro al agua para matar a los microorganismos. El cloro también puede combinarse con materiales orgánicos para formar trialometanos, que son sustancias que provocan cáncer. Nosotros, en realidad, aumentamos nuestro riesgo de desarrollar cáncer de vejiga y del recto al beber agua clorada. De hecho, el riesgo se incrementa a medida que nuestra ingesta de agua clorada aumenta.

Aunque el cloro mata a la mayoría de las bacterias, no mata a los virus y los parásitos. Los parásitos incluyen gusanos, artrópodos (garrapatas, ácaros y otros insectos), y *protozoos* como la *ameba*, *giardia* y *criptosporidium*. La *giardia* es una de las principales causas de diarrea en los centros de día y contamina muchos de los lagos y corrientes en los Estados Unidos. Puede que aparezca en las reservas de agua con más frecuencia de la que creemos.

Un brote del microorganismo *criptosporidium* en las reservas de agua de Milwaukee en el año 1993 mató a más de cien personas y puso enfermas a otras cuatro mil.[10] Algunos observadores creen que ciertos brotes de gripe intestinal pueden en realidad estar causados por tales microorganismos en el agua corriente.

Contaminación del aire en interiores

La contaminación de aire en interiores es aún más peligrosa para su salud que lo que inhala en el exterior. La mayoría de las personas pasan alrededor de un noventa por ciento de su tiempo dentro de casas, edificios de oficinas, restaurantes, fábricas y escuelas. Las toxinas, productos químicos y bacterias en interiores quedan atrapadas en los sistemas de calefacción y de aire acondicionado y circulan a través de ellos, y pueden crear un riesgo para la salud mucho mayor. Los edificios actuales son mucho más herméticos y bien aislados de lo que lo estaban hace años, haciendo de ellos cámaras acorazadas para gérmenes, bacterias y toxinas químicas. Los nuevos edificios son peores. Los materiales de construcción emiten gases al aire mediante un proceso conocido como "emisión de gases". Las nuevas moquetas liberan formaldehido. Los disolventes de pinturas como el tolueno y el formaldehido, y los muebles hechos de madera prensada, también emiten formaldehido al aire. Además, la emisión de gases también puede producirse desde telas, sillones, cortinas, pegamentos, etc.

Altas cantidades de componentes orgánicos volátiles también pueden encontrarse en las oficinas. Esos compuestos son emitidos desde fotocopiadoras, impresoras láser, computadoras y otros equipos de oficina. Causan dolores de cabeza, picores, enrojecimientos y ojos vidriosos; dolores de garganta; mareos, náuseas y problemas de concentración.

El moho en el aire, las bacterias y los venenos que despide la levadura también pueden causar contaminación en interiores. Muchas, si no todas, de las unidades de aire acondicionado y sistemas de calefacción contienen cierta cantidad de moho. Las esporas de ese moho pueden viajar por todo un edificio. El moho crece donde hay humedad, lo que hace de los aparatos de aire acondicionado incubadoras de él. Las casas con humedad no solo albergan moho, sino que también albergan ácaros del polvo. Los ácaros del polvo son la alergia más común transportada por el aire.

Otro poderoso causante es el humo de los cigarrillos. El

humo de un cigarrillo encendido cuando está sobre un cenicero contiene una concentración de gases tóxicos más alta que la que el fumador inhala en realidad.[11] El humo del cigarrillo contiene cadmio, cianuro, plomo, arsénico, alquitranes, material radiactivo, dioxina (que es un pesticida tóxico), monóxido de carbono, cianuro de hidrógeno, óxidos de nitrógeno, nicotina, óxidos de sulfuro y alrededor de otros cuatro mil productos químicos.

LOS PELIGROS DE LOS DISOLVENTES

Los disolventes, que son productos químicos utilizados en productos de limpieza, están por todas partes. Los disolventes disuelven otros materiales que de otro modo no serían solubles en agua.

Los disolventes pueden dañar los riñones y el hígado. También pueden deprimir el elaborado sistema nervioso central de nuestros cuerpos. Al igual que los pesticidas, los disolventes son solubles en grasa, lo que sencillamente significa que tienen probabilidad de ser almacenados en nuestros tejidos adiposos, los cuales incluyen, por supuesto, el cerebro, los pechos y la próstata. Los disolventes tienen la capacidad de disolverse en las membranas de nuestras células, en especial en nuestras células adiposas, y acumularse ahí. Eche una ojeada a algunos disolventes comunes y los problemas que causan:

- El formaldehido se utiliza comúnmente para hacer cortinas, alfombras, maderas aglomeradas y hasta cosméticos. La exposición al formaldehido está asociada con cáncer nasal, cáncer nasofaríngeo y posiblemente hasta leucemia.[12] La exposición al formaldehido también puede causar asma, dolores de cabeza crónicos, lapsos de memoria, sangrado nasal, irritación de los ojos y otras enfermedades.

- El fenol se encuentra ampliamente en productos de limpieza como Lysol, y se utiliza para hacer las aspirinas y medicamentos sulfamida. El fenol es fácilmente absorbido por la piel y puede causar quemaduras, agarrotamiento, respiración asmática, dolores de cabeza, náuseas, vómitos e irritabilidad.

- El benceno es un disolvente utilizado para hacer tintes e insecticidas. La exposición prolongada al benceno puede causar leucemia.

- El tolueno es similar al benceno, y se utiliza para hacer diferentes pegamentos y fluidos correctores. Los niveles elevados de tolueno en el cuerpo están relacionados con arritmias de corazón al igual que con daños nerviosos.

- El cloruro de vinilo se utiliza en la fabricación de tubos de PVC y envoltorios plásticos, y se ha relacionado con varios tipos de cáncer y sarcomas.

- Los químicos PCB, que fueron prohibidos en 1977, han contaminado muchos de nuestros lagos y ríos, y están relacionados con un mayor riesgo de todo tipo de cáncer. Un estudio mostró un significativo aumento de muertes por cáncer del sistema gastrointestinal en hombres que estuvieron expuestos al PCB y un exceso de riesgo de muerte por leucemia en mujeres que estuvieron expuestas.[13]

Como puede ver, incluso nuestras células, glándulas y órganos están siendo bombardeados con productos químicos tóxicos desde todas direcciones. Estamos expuestos a pesticidas, disolventes y otros productos químicos por medio de los alimentos, el agua y el medioambiente cada día.

Pero no estamos desesperanzados. No tenemos que sentarnos pasivamente mientras nuestro sistema inmunológico se destruye y las enfermedades se desarrollan bajo la pesada carga. La desintoxicación está disponible. Podemos limpiar nuestros cuerpos de años de toxinas acumuladas y de sus efectos aprendiendo a apoyar el propio y elaborado sistema de desintoxicación del cuerpo.

Capítulo 5

UN CUERPO LLENO DE TOXINAS

Entonces dijo Daniel a Melsar, que estaba puesto por el jefe de los eunucos sobre Daniel, Ananías, Misael y Azarías: Te ruego que hagas la prueba con tus siervos por diez días, y nos den legumbres a comer, y agua a beber. Compara luego nuestros rostros con los rostros de los muchachos que comen de la ración de la comida del rey, y haz después con tus siervos según veas.

—DANIEL 1:11–13

AUN SI USTED viviera en un medioambiente perfecto y no contaminado, sin productos químicos o venenos, su cuerpo produciría sus propias toxinas. Su cuerpo crea muchas toxinas diferentes en una variedad infinita de maneras sencillamente para poder funcionar.

En un medioambiente perfecto, tratar con las toxinas internas de su cuerpo sería pan comido para su hígado y su sistema excretor. Pero su hígado, sus órganos y sus tejidos han sido bombardeados desde el exterior y desde el interior con muchos más venenos de los que fueron diseñados para poder manejar. Eche un vistazo a algunas de estas toxinas enemigas:

- Si ha tomado usted repetidas tandas de antibióticos, o incluso una sola toma de súper antibióticos, entonces podría correr el riesgo de desarrollar un crecimiento desmedido de peligrosas bacterias intestinales y levadura.

- Millones de radicales libres se producen en nuestros cuerpos cada día y, si no se controlan, prepararán el escenario para el cáncer, las enfermedades cardíacas y multitud de otras enfermedades potencialmente fatales.

- Demasiados azúcares, grasas, alimentos procesados, comidas rápidas y otros alimentos desvitalizados literalmente nos quitan la vida a medida que estriñen nuestros cuerpos, introducen toxinas y nos dejan sin reservas de nutrientes.

- Los alimentos fritos, las grasas hidrogenadas y parcialmente hidrogenadas, cantidades excesivas de grasas polisaturadas y sensibilidades a ciertos alimentos causan inflamación en el cuerpo. Ahora sabemos que la artritis, la autoinmunidad, el asma, las enfermedades cardiovasculares, el Alzheimer y la mayoría de los cánceres están relacionados con la inflamación excesiva.

Cuando la cura causa la crisis

Sin antibióticos tendríamos problemas. Las infecciones que podrían haber apagado una vida hace un siglo son en la actualidad poco más que una incomodidad. Pero estamos comenzando a ver el cuadro completo del efecto que el uso excesivo de antibióticos ha tenido en una generación de usuarios.

Su intestino está lleno de bacterias buenas, como el *lactobacillus acidophilus* y el *bifidus*, que evitan el crecimiento excesivo de bacterias patógenas (bacterias malas) en su sistema intestinal. Cuando toma usted antibióticos, muchas de las bacterias beneficiosas de su cuerpo pueden morir. Sus bacterias buenas funcionan como unos cortafuegos para mantener a raya a las bacterias patógenas y la levadura. Por tanto, cuando los antibióticos rompen el equilibrio, las bacterias malas y la levadura pueden crecer como un incendio, sin control y sin nada que las haga reducir la velocidad o que las detenga.

Las bacterias malas pueden producir endotoxinas, que pueden ser tan tóxicas como casi cualquier pesticida químico o disolvente que entre en su cuerpo desde el exterior. La cantidad excesiva de bacterias en su intestino delgado puede causar fermentación excesiva, al igual que la fermentación que se produce cuando deja usted manzanas de sidra en el exterior durante demasiado tiempo. Ese proceso de fermentación crea aún más venenos, tales como *indoles*, *skatols* y *amines*.

Al igual que la plaga bíblica de las langostas que asolaron los cultivos de la antigüedad, la sobrepoblación de levadura causa daños al revestimiento intestinal. La cándida *albicans* es una levadura que libera más de ochenta toxinas diferentes en el cuerpo. Algunas de las sustancias más tóxicas producidas por la cándida *albicans* son el acetaldehído y el etanol, que es alcohol. Para obtener más información sobre este tema, refiérase a mi libro *The Bible Cure for Candida and Yeast Infections* [La cura bíblica para la candidiasis y las infecciones por hongos].[1]

La Agencia para la protección medioambiental (EPA) ha llegado a la conclusión de que el acetaldehído probablemente sea un carcinógeno humano, basada en estudios sobre sus efectos en animales.[2] Se descubrió que los trabajadores alemanes de una planta que procesaba acetaldehído tenían una tasa de cáncer más elevada de lo normal, según un estudio realizado por la Agencia para la Investigación sobre el Cáncer (IARC) en el año 1985.[3] El acetaldehído es también muy tóxico para el cerebro, aún más que el etanol. Causa pérdida de memoria, depresión, problemas de concentración y fatiga severa.

Cuando considere el potencial peligro de tener fuertes y destructores venenos dentro de su cuerpo, reconocerá que las toxinas del interior pueden hacer tanto o incluso más daño que las toxinas que hay en el medioambiente.

LA GUERRA MOLECULAR DE LOS RADICALES LIBRES

Mientras usted lleva a cabo sus tareas cotidianas se libra una guerra dentro de su cuerpo en el ámbito molecular. Los radicales libres son similares a metralla microscópica que ametralla el cuerpo, dañando células y tejidos a lo largo del día. Permita que me explique.

Imagine un átomo. El átomo tiene un núcleo rodeado por electrones. El núcleo tiene carga positiva, y los electrones tienen carga negativa. Se parece al sol con los planetas que dan vueltas en torno a él.

Cuando usted está expuesto a la contaminación del aire o la radiación, cuando alguien echa humo delante de su cara, o cuando usted ingiere alcohol o algún otro producto químico o pesticida, los radicales libres creados por una de esas toxinas pueden sacar fuera de su órbita a uno de los electrones. Cuando el átomo, al que le falta un electrón, se vuelve inestable, comienza a agarrar electrones de otras moléculas cercanas para sustituirlo, causando reacciones en cadena.

Los radicales libres se producen en el cuerpo, y en pequeños números dentro de las células en realidad son útiles para activar muchas reacciones de encimas y reacciones biológicas. Sin embargo, las toxinas como la contaminación del aire, el humo de los cigarrillos, los pesticidas, los disolventes y los metales pesados causan la producción de cantidades excesivas de radicales libres, haciendo daño a las células, tejidos y órganos.

Cada célula de los trillones de ellas que hay en su cuerpo tiene una envoltura protectora a su alrededor hecha de lípidos o membranas celulares "grasas". Pero los radicales libres, como los martillos de demolición, pueden comenzar a rebotar de las membranas de las células, y finalmente dañan las estructuras intracelulares como la mitocondria y el núcleo. Cuando los radicales libres comienzan una reacción en cadena, hay que detenerlos con toda rapidez. Los antioxidantes se apresuran al rescate al instante para apagar el fuego de actividad de los radicales libres. Hay literalmente cientos de compuestos diferentes que actúan como antioxidantes, y muchos de ellos se encuentran en los alimentos y los suplementos, y otros son producidos por el propio cuerpo de manera natural. Muchos radicales libres se producen con los procesos metabólicos normales en todas las células del cuerpo. Los antioxidantes internos, como el súper óxido *dismutase*, *glutatione peroxidase* y *catalase*, actúan como antioxidantes, controlando la producción de radicales libres.

Pero se producen problemas cuando el nivel de actividad de radicales libres se descontrola. Cuando el cuerpo está sobrecargado de radicales libres por la contaminación, los pesticidas, los disolventes, el humo de los cigarrillos, los alimentos fritos y las grasas polisaturadas de nuestra dieta, entonces cantidades excesivas de radicales libres hacen estragos en nuestras células; en realidad pueden causar la descomposición de las grasas en las membranas celulares, hacer estragos en las proteínas y las encimas, y finalmente dañar el ADN provocando mutaciones. Esas mutaciones pueden dar como resultado un cáncer.

Una estrategia para ganar la guerra contra las toxinas

Puede que se sienta abrumado por la monumental batalla que sus células, tejidos y órganos afrontan cada día. En cuanto se mire usted en el espejo es posible que hasta pueda ver algunos de los resultados de esta guerra: envejecimiento prematuro, náuseas, fatiga crónica, artritis, cáncer, enfermedad cardíaca, y muchas otras.

La buena noticia es que no tiene usted que quedarse sentado pasivamente mientras el derecho que Dios le ha dado a tener una buena salud se lo roban ante sus propias narices. Su cuerpo está diseñado con un increíble sistema de defensa que mantiene su salud aun bajo circunstancias extremas; y usted nunca tiene que ponerse a pensar en ello. Pero cuando la batalla se vuelve abrumadora, cuando las toxinas se acumulan en el interior de su cuerpo con el tiempo, su hígado y su sistema excretor pueden finalmente quedar sobrecargados. Sencillamente no pueden seguir funcionando.

Sin embargo, puede usted escoger pasar a la acción y equilibrar la balanza. Al realizar mi programa de desintoxicación de veintiocho días bosquejado en la sección tercera de este libro, puede usted limpiar su cuerpo de toda una vida de toxinas y descubrir la salud y la vitalidad que se producen con la limpieza interna. Sencillamente se sorprenderá de lo mucho mejor que se sentirá después de haber librado a su cuerpo de su carga de toxinas.

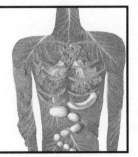

Hecho relativo: El consumo de vegetales crucíferos pueden ayudar a su hígado a desintoxicarse de los pesticidas, productos químicos, medicamentos y otros contaminantes. Coma o prepare jugos de verduras crucíferas cada día: es la mejor póliza de seguro contra el cáncer.

En mi consulta, he alentado a muchos de mis pacientes enfermos crónicamente a realizar la desintoxicación, y los resultados han sido sorprendentes. Las enfermedades cardíacas, la diabetes, la hipertensión, la artritis, la fatiga crónica y muchas otras enfermedades graves están dando marcha atrás a medida que mis pacientes limpian sus propios cuerpos de toxinas. Su salud mejorará dramáticamente una vez que esas toxinas sean eliminadas en lugar de hacerlas circular hacia otras partes del cuerpo. Usted no solo se sentirá mejor y vivirá más tiempo, sino que también tendrá un mejor aspecto.

SU PROGRAMA PARA LA DESINTOXICACIÓN

La siguiente es una visión general de mi programa de ayuno de veintiún días:

- Comenzará usted realizando un ayuno parcial de tres semanas para fortalecer su hígado y mejorar la eliminación mediante el aparato gastrointestinal.

- Si usted opta por añadir un ayuno opcional a base de jugos, puedo hacerlo hasta siete días. Puede que necesite ser supervisado por su médico durante este período. Si no puede usted ayunar durante siete días, verá tremendos resultados ayunando solamente uno o dos días.

- Seguirá mis pautas de cuatro días para interrumpir su ayuno. (Nota: Recomendaría que regresara a la dieta especial para su hígado y sistema gastrointestinal durante otras dos semanas después de haber completado mi programa de ayuno de veintiocho días.)

A medida que siga este programa de ayuno, descubrirá unas energías renovadas, una salud rejuvenecida y un nuevo y brillante sentimiento de vitalidad que le sorprenderá por completo.

Sin embargo, mi programa de ayuno de veintiocho días es solamente una parte de una solución de dos ramas para tratar con las toxinas de modo regular. La segunda parte es la importancia de realizar cambios en el estilo de vida y establecer un plan para ayunar periódicamente a fin de continuar limpiando y manteniendo su salud. Para que comprenda usted lo importante que es hacer ambas partes de este programa, quiero que afronte usted la terrible verdad sobre la dieta estadounidense.

Capítulo 6

LA PORCIÓN DEL SEÑOR O LOS MANJARES DEL REY

El rey les asignó una ración diaria de los manjares del rey y del vino que él bebía, y mandó que los educaran por tres años, al cabo de los cuales entrarían al servicio del rey... Se propuso Daniel en su corazón no contaminarse con los manjares del rey...

—DANIEL 1:5, 8, LBLA

L A DIETA ES un factor importante en el riesgo de enfermedades coronarias (CHD por sus siglas en inglés), ciertos tipos de cáncer y derrames; las tres principales causas de muerte en los Estados Unidos. Las enfermedades coronarias y el cáncer fueron la causa de casi la mitad de las muertes en el 2010.[1] La dieta también juega un papel principal en el desarrollo de la diabetes (la séptima causa de muerte), la hipertensión y la obesidad. Estas seis enfermedades provocan considerables gastos médicos, pérdida de trabajo, discapacidades y muertes prematuras, que en su mayor parte son innecesarias, ya que una proporción importante de esas enfermedades se considera evitable por medio de dietas mejoradas.[2]

Hay muchas maneras en que abusamos de nuestros cuerpos mediante nuestros malos hábitos alimentarios, pero los siguientes son algunos de los principales abusos en nuestras dietas:

- El estadounidense promedio consume 68 kilogramos (150 libras) de azúcar al año. ¡Es el equivalente a una o dos cucharaditas de azúcar por hora![3]

- Los alimentos procesados son muy deficientes en nutrientes y agentes colorantes, conservantes, agentes blanqueadores, emulsionantes, sustitutos alimentarios, humidificadores, ácidos, álcalis y otros productos químicos. Tales alimentos proporcionan muchas calorías y pocos nutrientes.

- Nuestras tierras de cultivo se han visto desprovistas de importantes minerales y nutrientes; por tanto, los alimentos que producen son pobres en nutrientes.

- La grasa que comemos, incluyendo las grasas saturadas y las grasas hidrogenadas, gravan en exceso nuestros cuerpos con material espeso, parecido al fango y de color medio amarillento que se incrusta en el interior de nuestras arterias, forma placas, engorda nuestros cuerpos, eleva nuestro colesterol, forma piedras en nuestras vesículas, debilita nuestro sistema inmunológico y acorta nuestras vidas.

- Las comidas rápidas, los alimentos fritos y comer demasiada carne a la vez que le negamos a nuestro cuerpo sanas frutas y verduras son maneras en las que abusamos de nuestros cuerpos por medio de nuestra dieta.

Es fácil ver por qué estamos demasiado alimentados pero poco nutridos. Nos atracamos de cantidades cada vez mayores de comida para responder a las ansias de nutrición de nuestros cuerpos. Después de haber comido, nuestros cuerpos—aunque están bajo una pesada carga de calorías— siguen comprendiendo que nunca recibieron los nutrientes que necesitaban. Por tanto, nuestros cerebros envían más señales, desencadenando hambre, lo cual interpretamos como la necesidad o deseo de más comida. Terminamos en una espiral descendente hacia un círculo vicioso de alimentarnos en exceso de alimentos vacíos, desear más nutrición y alimentarnos demasiado una vez más de más alimentos vacíos, procesados, sin vitalidad y azucarados.

El resultado final lo constituyen unas cinturas, caderas y traseros cada vez más amplios. Engordamos más y más, obligando a nuestros cuerpos a quejarse bajo el peso de kilos de más. Pero en términos de nutrición, les damos cada vez menos a nuestros cuerpos.

Puede que en realidad estemos hambrientos desde un punto de vista nutricional, mientras que al mismo tiempo engordamos cada vez más. El resultado final de este abuso inmisericorde de nuestros cuerpos es la enfermedad y la muerte. Tristemente, ¡realmente cavamos nuestras tumbas con nuestros tenedores y cuchillos!

Como resultado de nuestra indulgencia excesiva, tenemos una epidemia de enfermedades cardíacas, arteriosclerosis, hipertensión, diabetes, cáncer, alergias, obesidad, artritis, osteoporosis, y multitud de otras enfermedades dolorosas y debilitantes.

SOBRECARGA DE COMIDA BASURA

Los estadounidenses han sido engañados para creer que podemos continuar existiendo a base de comida basura diariamente y sencillamente añadir un complejo multivitamínico, o una multitud de vitaminas, al día para protegernos de cualquier cosa que hayamos comido a la vez que mantenemos una excelente salud. Tomar vitaminas y otros nutrientes a la vez que continuamos comiendo mal es parecido a añadir pequeñas cantidades de aceite para mantener el nivel de aceite de un auto en un nivel normal pero nunca cambiar el aceite ni el filtro de aceite a la vez que seguimos conduciéndolo.

A lo largo de los años, al haber tratado a personas con enfermedades degenerativas, he observado un patrón. La mayoría de esos individuos no están bien alimentados; de hecho, la mayor parte de ellos comen demasiado. Comen mucho, pero comen los alimentos incorrectos. Están sobrealimentados y sin embargo totalmente desnutridos. Eso es particularmente cierto de la mayoría de personas obesas, con enfermedades cardiovasculares, artritis, diabetes tipo 2, migrañas, diferentes alergias, soriasis, artritis reumatoide y lupus. De hecho, hasta cierto grado, parece aplicarse a casi todas las enfermedades degenerativas.

Para muchas de esas personas las medicinas no serán útiles, y tampoco el tomar vitaminas y nutrientes puede eliminar la causa de estas enfermedades. Eso se debe a que no es la carencia la que causa muchas de esas enfermedades; es comer demasiada cantidad de alimentos incorrectos.

Una de las principales causas de esas enfermedades degenerativas es el consumo excesivo de alimentos azucarados, grasos, con féculas y altos en proteínas: alimentos que han sido procesados, fritos y des de calorías vacías y que hacen engordar, pero no estaban nutriendo sus cuerpos.

Es importante tomar suplementos como un multivitamínico con minerales, antioxidantes, etc. Sin embargo, es mucho más importante eliminar (o reducir significativamente) el consumo de grasas, azúcar y alimentos procesados y comer más frutas, verduras, cereales integrales, semillas y otros alimentos integrales.

La nutrición en exceso es muchas veces peor que estar mal nutrido. De hecho, estudios en animales han demostrado que tomar pocas calorías, lo que técnicamente se denomina restricción de calorías, puede en realidad aumentar la longevidad.[4] Aunque yo recomiendo la restricción de calorías para algunas enfermedades, como la diabetes tipo 2 y la obesidad, creo que como país necesitamos aplicarnos más a la hora de comer de modo que nos mantengamos dentro de una zona sana en cuanto a peso.

DETÉNGASE Y PIENSE EN LO QUE COME

Nuestra prosperidad como país ha llegado con un precio. Después de años de comer demasiado y de abuso, estamos experimentando una epidemia de enfermedades degenerativas.

La mayoría de nosotros comemos según la dieta estadounidense estándar. Eso quiere decir mucha grasa, azúcar y productos de trigo muy refinado, los cuales incluyen el pan blanco, las galletas saladas, la pasta y los cereales. Añadamos otros alimentos procesados, como las patatas fritas, las patatas de maíz y el arroz blanco. No olvidemos los alimentos grasos como los filetes de res, las costillas, el beicon y las chuletas de cerdo. Ahora, cubrámoslo todo con una gran cantidad de grasas saturadas, grasas hidrogenadas y grasas vegetales procesadas, como los aderezos para ensaladas, la mantequilla de cacahuete, la mayoría de los aceites para cocinar y la mayonesa. No es sorprendente que tengamos una epidemia de enfermedades cardíacas, cáncer, diabetes y artritis, al igual que muchas otras enfermedades degenerativas.

Ahora pasemos a los postres. ¿Qué podría ser más

estadounidense que el pastel de manzana? A pesar de todo, los alimentos absolutamente peores, y favoritos de los estadounidenses de todos los tiempos, contienen toneladas de azúcar y grasas hidrogenadas. Entre ellos se incluyen muchos alimentos horneados, como los pastelitos, las galletas, las tartas, los dulces de azúcar y los *brownies*; y no olvidemos las rosquillas y las barritas de caramelo.

Pero no siempre comimos de esta manera. Las anteriores generaciones fueron algunas de las más sanas del planeta. Al ser una cultura agraria, muchos de nuestros abuelos vivían mucho más cerca de la tierra; pero hoy día nuestro estilo de vida es demasiado estresante y rápido y, como resultado, nuestra dieta se resiente.

CAMBIE SU MANERA DE PENSAR

La mayoría de nosotros hemos crecido consumiendo la dieta estadounidense y sintiéndonos bastante bien en cuanto a eso. Pero para vivir vidas más sanas y largas debemos volver a pensar en lo que nos han enseñado sobre la comida: antes de que sea demasiado tarde.

Comenzamos a cambiar nuestro modo de pensar cambiando el porqué del comer. Sencillamente, ¿por qué come usted? ¿Come porque algo sabe bien y su carne lo desea, o porque está estresado, ansioso, solo o deprimido? ¿O come usted porque le está proporcionando a su cuerpo combustible para correr? Para la mayoría de los estadounidenses, el comer se ha convertido más en un recreo que en una necesidad diaria basada en la sabiduría nutricional.

Ahora bien, no estoy tratando de sugerir que no debiera disfrutarse de las comidas. Dios creó todas las cosas para que las disfrutemos, y comer fue una de esas cosas. Pero cuando nuestras elecciones en cuanto a dieta, que fueron pensadas para nutrir y sostener nuestros cuerpos, en realidad comienzan a enfermarnos, entonces debemos cambiar nuestra manera de pensar.

Hipócrates, el padre de la medicina, dijo: "Nuestro alimento debería ser nuestra medicina, y nuestra medicina debería ser nuestro alimento". En otras palabras: lo que comemos debería ser tan bueno para nosotros que realmente sanara y restaurara nuestros cuerpos. ¡Qué diferente al modo de pensar del estadounidense promedio sobre la comida!

Comience a pensar en algo más que el gusto y el placer cuando coma. ¡Comience a comer a causa de su salud!

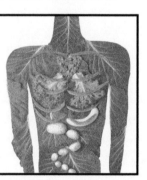

HECHO RELATIVO: El ajo se ha usado medicinalmente en Egipto durante más de cinco mil años y en China durante más de tres mil años. Tiene propiedades antihongos, antivirales, antiparásitos y antibacteriano, y puede ayudar a bajar la presión sanguínea.

Por tanto, este es su nuevo conjunto de prioridades: la salud en primer lugar, y el gusto y el placer en el segundo. Le garantizo que una vez que comience a satisfacer la verdadera necesidad de su cuerpo, la necesidad de nutrición genuina, comenzará a disfrutar de su comida mucho más.

En este momento, antes de que ni siquiera comience a seguir mi programa de ayuno de veintiocho días, decida que en el instante en que terminen los veintiocho días usted comenzará a seguir un estilo de vida alimentario con la salud en primer lugar. Antes de comenzar el programa de ayuno, revise sus armarios de la cocina, sus pasteles, su refrigerador y su congelador y elimine o reduzca drásticamente los alimentos fritos (patatas fritas, *nuggets* de pollo, etc.), los alimentos procesados (cualquier alimento que el hombre haya manipulado y envasado, como harina de avena instantánea, arroz instantáneo, la mayoría de los cereales, etc.), las grasas vegetales procesadas, las grasas saturadas, las grasas hidrogenadas y parcialmente hidrogenadas y los alimentos azucarados. Prepare ahora una lista de alimentos para su nuevo plan de alimentarse considerando en primer lugar la salud, y almacene en sus armarios los alimentos como preparación para el día 29. Decida evitar los cortes de carne grasos y elegir porciones más pequeñas de las carnes magras, incluyendo los pollos de corral u orgánicos o la pechuga de pavo y la res de corral u orgánica, como el lomo y los filetes.

Su plan de salud primero y cinco vivas

En su nuevo plan de alimentación sano, querrá comer al menos cinco raciones de verduras orgánicas y vivas, y de frutas cada día. (Con la palabra *vivas* quiero decir que los nutrientes naturales que hay en las plantas no han sido alterados o eliminados mediante el procesamiento, el envasado, el almacenamiento o la preparación). En el 2005, la recomendación del Departamento de Agricultura de los Estados Unidos es de cinco a trece raciones de frutas y verduras al día.[5] Eso significa que las frutas y verduras deberían constituir un alto porcentaje de su dieta.

Limitar las carnes

La Biblia no recomienda el vegetarianismo, ni yo tampoco. Adán y Eva eran vegetarianos en el Huerto de Edén, y algunos profetas, como Juan el Bautista, Sansón, Samuel y otros que habían hecho votos nazareos, eran vegetarianos. Sin embargo, Jesucristo no lo era.

No obstante, la mayoría de los estadounidenses comen demasiada carne. Yo recomiendo que las mujeres coman solamente de 65 a 90 gramos (3–4 onzas) de carne magra y de corral, una o dos veces al día. Los hombres deben limitar las carnes a solamente unos 100 gramos (4–6 onzas) de carne magra y de corral, una o dos veces al día. Y siempre recomiendo masticar cada pedazo treinta veces.

EVITAR LAS DIETAS ALTAS EN PROTEÍNAS

Cada vez más personas siguen dietas altas en proteínas, como la dieta Atkins. Sí, pierden peso; pero los efectos a largo plazo de esta dieta pueden ser muy peligrosos y pueden conducir a muchas enfermedades degenerativas.

Si está usted siguiendo esta dieta, limite sus porciones de proteínas a no más de 100 gramos para los hombres y unos 90 para las mujeres, una o dos veces al día. Para más información sobre este tema, consulte mi libro *What You Don't Know May Be Killing You* [Lo que usted desconoce puede estarle matando].[6]

EN CONCLUSIÓN

Si se ve usted reflejado en este capítulo, tome aliento. Aun si ha pasado toda la vida cavando su propia tumba con su tenedor y su cuchillo, nunca es demasiado tarde para cambiar. Hará usted muchas elecciones acerca de su destino al escoger lo que come. Escoja ahora cosechar una vida sana, feliz y larga. Usted tiene la llave de su propia salud en el futuro.

Antes de comenzar el programa de ayuno de veintiocho

días, veamos la que yo creo que es la respuesta más eficaz al exceso de nutrición: ¡el ayuno! Más que ninguna otra cosa, el ayuno es una llave dinámica para limpiar su cuerpo de toda una vida de colección de toxinas, que invierte la nutrición excesiva las enfermedades que causa, y que asegura un maravilloso futuro de energía renovada, vitalidad, longevidad y una salud bendecida.

Capítulo 7

EL PLAN PARA LA DESINTOXICACIÓN DE DANIEL

Te ruego que hagas la prueba con tus siervos por diez días, y nos den legumbres a comer, y agua a beber.

—DANIEL 1:12

 STE CAPÍTULO ES una introducción a la primera parte de mi programa de ayuno de veintiocho días. Le proporcionará la información que necesita para prepararse para la parte del ayuno real de este programa de desintoxicación y limpieza. Antes de pensar en ayunar, es importante que siga este programa nutricional únicamente diseñado para fortalecer y apoyar su hígado, que lo preparará para el mayor trabajo de desintoxicación que tendrá que realizar durante su ayuno.

Su cuerpo fue creado de modo único para manejar enormes cantidades de toxinas, venenos, gérmenes y enfermedades. El sistema de desintoxicación de su cuerpo, que incluye su hígado y su aparato gastrointestinal, es increíblemente fuerte. Con un apoyo nutricional adecuado por su parte, es capaz tanto de desintoxicar como de eliminar los productos químicos y las toxinas.

Los beneficios para usted de un sistema de desintoxicación que funcione con máxima eficacia son interminables. Un sistema de desintoxicación que funcione adecuadamente en su cuerpo:

- Prevenir y hasta revertir la enfermedad
- Le proporcionará más energía y claridad mental

- Hará que se sienta mejor
- Le ayudará para perder peso
- Ayudará a aclarar su piel y su complexión

El primer sistema de limpieza tóxica es su hígado. Es un órgano increíble que trabaja día y noche para limpiar su sangre de productos químicos, venenos, bacterias, virus y cualquier otro invasor extraño que llegue para robarle su buena salud. Si su hígado no está fuerte y sano, no estará usted fuerte y sano. Por eso es tan importante que pase usted los primeros veintiún días de mi programa de ayuno fortaleciendo su hígado a fin de que pueda llevar a cabo su papel clave en el proceso de desintoxicación.

Si quisiera usted ser un atleta con la meta de ganar unas Olimpiadas, no entraría en competición sin haber pasado meses entrenando, fortaleciendo sus músculos, desarrollando su destreza y dándole a su cuerpo la mejor dieta y nutrición disponibles. Bien, de la misma manera debe usted entrenar su cuerpo para competir contra el mundo tóxico en el que vive. La buena noticia es que es una competición que puede usted ganar; pero usted tiene una gran parte que realizar para asegurar que el resultado a largo plazo sea exitoso.

SU PROGRAMA DE VEINTIÚN DÍAS DE APOYO DEL HÍGADO

Durante las tres primeras semanas de mi programa de ayuno seguirá usted esta dieta y régimen de suplementos para preparar su cuerpo para el ayuno. Y hasta sería muy beneficioso para usted restaurar su cuerpo siguiendo la parte de ayuno del programa con una repetición de otra semana de dieta de apoyo del hígado.

> **HECHO RELATIVO:** Ciertos alimentos aumentan la capacidad del hígado de desintoxicar nuestros cuerpos de sustancias dañinas; alimentos como el wasabi (la pasta verde y picante que se sirve con el sushi), el brócoli, la col, las coles de bruselas, la col rizada y la coliflor.

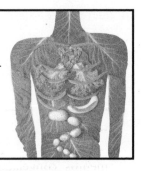

Estas pautas dietéticas le ayudarán a limpiar y apoyar su hígado mientras ayuna, y continuarán ayudando a su cuerpo a operar con máxima eficacia cuando comience su estilo de vida con la salud en primer lugar a la conclusión de mi programa de ayuno. Cuando más estrechamente siga estas pautas, más beneficios recibirá de su ayuno. Es importante que cambie usted su dieta y su estilo de vida para reducir la cantidad de toxinas que toma y también para mejorar la capacidad que tiene su cuerpo de eliminar toxinas.

Estos primeros veintiún días de mi programa de ayuno le proporcionarán las pautas alimenticias necesarias para limpiar y apoyar su hígado antes de comenzar la parte del ayuno a base de jugos del programa. Para obtener el beneficio óptimo, siga estrictamente estas pautas.

Alimentos a evitar

Es importante escoger correctamente los alimentos para la salud de su hígado, en especial antes de pensar en una desintoxicación mediante el ayuno. Los siguientes son algunos alimentos (y otros productos) a evitar:

- Colas y chocolate
- Carnes y pieles animales

- Alimentos muy fritos
- Alimentos para microondas
- Grasas y aceites hidrogenados y parcialmente hidrogenados, los cuales se encuentran siempre en la mantequilla de cacahuete y la margarina, pero también se encuentran frecuentemente en alimentos como el pan, mezclas para pasteles, alimentos congelados, cereales para el desayuno, patatas fritas y otros (lea todas las etiquetas con atención)
- Alimentos refinados y procesados, que incluyen el pan blanco, las patatas fritas, los cereales, la harina de avena instantánea y el arroz instantáneo
- Azúcares simples, incluyendo la miel, los pasteles, las galletas, los caramelos y las tartas
- Comidas rápidas
- Jugos procesados
- Productos de trigo, incluyendo galletas saladas, *bagels*, pasta, bollos (panes germinados como Ezequiel o pan de maná pueden usarse)
- Productos de maíz
- Productos de soja
- Productos lácteos, incluyendo mantequilla, queso, yogurt, crema agria y helado
- Huevos
- Pescado y aves

- Los individuos con enfermedades autoinmunes como la soriasis, la artritis reumatoide y el lupus puede que necesiten evitar los tomates, patatas, paprika, berenjenas y pimientos, ya que estos alimentos son inflamatorios.

Para este programa de ayuno de desintoxicación he eliminado toda la carne, productos lácteos, huevos y otros alimentos que comúnmente desencadenan reacciones alérgicas o reacciones de sensibilidad a alimentos, incluyendo el maíz, la soja, el trigo y los alimentos procesados. Están permitidos los panes de semillas, como el de Ezequiel y el maná, a menos que sea usted sensible al gluten, que es la proteína del trigo.

Alimentos a comer

Durante al menos dos semanas, como preparación para su ayuno, coma tanta cantidad como sea posible de los siguientes alimentos. Debido a que ciertas frutas y verduras tienen mayores residuos de pesticidas que otras, específicamente la "Docena sucia", recomiendo encarecidamente que se coman las orgánicas. (Para información sobre la "Docena sucia" y los "Quince limpios" del Grupo de Trabajo Ambiental, visite www .ewg.org/foodnews/.)

- Frutas orgánicas: beba un vaso de frutas y verduras recién exprimidas en la mañana.

- Verduras orgánicas: coma tantas verduras crudas como pueda. Además, verduras como la col, la coliflor, las coles de Bruselas, el brócoli, las verduras de hoja verde y los nabos, son muy importantes. Otras verduras buenas para el hígado incluyen las legumbres (todo tipo de judías), remolachas, zanahorias, raíz de diente de león y de hoja verde. Puede cocer al vapor las verduras o darles una ligera vuelta en aceite orgánico extra virgen de coco, macadamia u oliva. (Vea el Apéndice B para los Alimentos supremos verdes).

- Féculas buenas para el hígado: coma arroz integral, arroz silvestre, pasta de arroz y pan de arroz integral.

- Grasas buenas para su hígado y para la desintoxicación: utilice aceite orgánico, extra virgen de oliva; aguacates; frutos secos frescos como las almendras, la macadamia y las nueces (evite los cacahuetes y los anacardos); semillas; aceite de linaza (no para cocinar); aceite de grosella negra; aceite de borraja; y aceite de pescado.

- Bebidas: beba mucha agua (no del grifo) con limón o lima recién exprimida (dos litros diarios), jugos de verduras y de frutas, té orgánico verde o negro y otras infusiones de hierbas. Aunque no recomiendo que comience a beber café orgánico, una taza de café orgánico al día es permisible si ya es usted bebedor de café al comenzar el programa.

SUPLEMENTOS PARA EL HÍGADO

Hay ciertos suplementos que son muy importantes para el hígado, los cuales debería usted tomar para prepararse para un ayuno de desintoxicación y cuando termine un ayuno. Para una completa discusión sobre los importantes suplementos para el hígado, por favor vea mi libro *Libérese de las toxinas*.

El siguiente es un resumen de los importantes suplementos que yo recomiendo que tome cada día de los primeros veintiún días, la fase de apoyo del hígado, de este programa de ayuno. (Vea en el Apéndice B una lista de marcas para cada suplemento).

- Un suplemento completo de multivitaminas y minerales (ver apéndice)
- Leche de cardo (ver apéndice)
- NAC (*N-acetyl cysteine*) o Max One (ver apéndice)
- Infusiones orgánicas, como el té verde, de diente de león u otras infusiones (disponibles en tiendas naturistas)
- Polvo/bebida fitonutritiva (ver apéndice)
- Suplemento de fibras soluble/insoluble (ver apéndice)
- Suplemento balanceado de proteínas de arroz (opcional): una cucharada en media taza de agua, dos veces al día, para los individuos que sean sensibles a las frutas o las verduras o que tengan un sistema intestinal sensible.

ES NECESARIA UNA ACTITUD POSITIVA

La finalización exitosa de este programa de ayuno requiere una actitud de ganador y el apoyo de sus amigos y seres queridos. Usted no solo necesita una actitud de determinación para realizar necesarios cambios en su estilo de vida, sino que también será muy importante mantener igualmente una perspectiva positiva y alegre.

Ya sea que ellos también realicen con usted este programa de veintiocho días o no, es mejor hablar primero con ellos del programa. Ese sería un excelente momento para sentarse juntos como familia y crear las pautas para su nuevo estilo de vida con la salud en primer lugar que lanzarán al final de los veintiocho días. Una familia y amigos que apoyen trabajando juntos y alentándose unos a otros a lo largo del programa de ayuno y en su nuevo estilo de vida son una fuerza poderosa para lograr el éxito.

Al comenzar esta fase, es muy importante ahora que usted tome la decisión de eliminar las toxinas de su vida, la cual debería ser una decisión permanente para usted, y es esencial durante el programa de ayuno de veintiocho días. Evite el humo de los cigarrillos, el alcohol y las drogas. Disminuya su ingesta de medicinas. Desde luego, para los medicamentos recetados, debe usted hacer esto con la ayuda de su médico. Sea sensato; nunca realice cambios dramáticos sin consultar a su médico.

Otros consejos y técnicas

- No corte o prepare frutas o verduras antes de estar listo para comérselos. Puede verse tentado a cortar ese melón y esa zanahoria simplemente por la comodidad de poder tomarlos del refrigerador, pero las frutas y las verduras pierden sus nutrientes cuando son cortados y guardados. Es mejor prepararlos cuando sepa que se comerán de inmediato.

- No quite los nutrientes a sus alimentos por cocinarlos con técnicas inapropiadas. Cuando cuece verduras, la mayoría de los nutrientes salen de ellas y se quedan en el agua. ¡Cuando se las coma, el agua hervida tendrá un mayor número de nutrientes que las verduras! (Sin embargo, las sopas son la excepción de esta regla porque usted consume el caldo que contiene los nutrientes de las verduras).

- Si tiene que cocer verduras, haga hervir el agua primero y luego añada las verduras al agua durante poco tiempo. No deje que se empapen de agua; sacúdalas de inmediato y sírvalas. Yo recomiendo encarecidamente que coma las verduras al vapor o crudas; también recomiendo que mis pacientes eviten por completo alimentos en el microondas.

- No prepare demasiada comida ni la prepare con demasiada antelación. Recalentar comida y sobras quita a los alimentos valiosas vitaminas, minerales y nutrientes, en especial si las recalienta en el microondas. Un estudio en la revista *Science News* en 1998 descubrió que solo seis minutos cocinando en microondas destruía la mitad de la vitamina B_{12} en productos lácteos y carne, un índice de destrucción mucho más alto que otras técnicas de cocina.[1]

- Las frutas y las verduras deberían comerse sin pelar siempre que sea posible, porque muchas vitaminas y minerales en realidad están concentrados justo debajo de su piel. Si no ha comprado productos orgánicos, es imperativo que lave esas frutas y verduras para quitar los pesticidas. (Ver el capítulo 8 para información sobre lavar frutas y verduras).

- Es mejor utilizar productos frescos y cultivados orgánicamente. Sin embargo, si no están disponibles estos productos, escoja frutas y verduras congeladas. Rara vez debería escoger frutas y verduras enlatadas, asegurándose de que la etiqueta enumere solo ingredientes orgánicos e integrales.

- He descubierto que muchos de mis pacientes se benefician de un suplemento llamado Beano® después de comer judías, lentejas, guisantes o verduras de hoja (brócoli, col, coliflor y coles de Bruselas). Es simplemente una enzima que le permite digerir las judías y ciertas verduras.

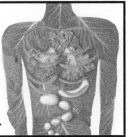

HECHO RELATIVO: Puede que su mamá le enseñara que las mejores vitaminas se encuentran en la piel de la patata, pero también están ahí los pesticidas. No se coma las pieles de las patatas a menos que use patatas cultivadas orgánicamente.

ANTES DE COMENZAR

Antes de comenzar, es importante establecer las fronteras de su ayuno. Decida qué tipo de ayuno realizará. Marque las casillas siguientes que identifiquen el ayuno o ayunos que pondrá usted en práctica.

❒ Un ayuno parcial para apoyar el hígado durante la desintoxicación

❐ Un ayuno de Daniel, como en el libro de Daniel
(ver el capítulo 1 para más información sobre
sustituir el ayuno de apoyo del hígado por un
ayuno de Daniel)

❐ Un ayuno con jugos de frutas y verduras

Una nota final: A medida que lea los planes de comidas diarias, tenga en mente que solamente son sugerencias para darle variedad. Todas las recetas que se dan al final de este libro están agrupadas por tipo de comida. Esto le permitirá sustituir o repetir cualquier comida dentro de un tipo dado (desayuno, comida, cena, aperitivo) según sus gustos personales. Le pido que se limite a las recetas dadas en este libro y que siga las recetas exactamente como están escritas a fin de asegurarse de recibir los beneficios de la desintoxicación de su cuerpo.

También puede suscribirse a mi programa de 21 días de desintoxicación en línea en www.DivineHealthDetox.com (en inglés). Suscríbase gratis, y recibirá veintiún vídeos de instrucciones útiles, una lista de compras de desintoxicación para imprimir, y un folleto gratuito que complementa la información de este libro.

Ahora es el momento de comenzar. Es mi oración que estos días especiales de limpieza y sanidad sean algunos de los días más gratificantes de toda su vida. Oro para que usted experimente una salud, energía y vitalidad renovadas. Además, oro para que su alma y su espíritu sean refrescados y renovados.

EL PLAN DE COMIDAS PARA LA DESINTOXICACIÓN DE DANIEL Y EL DIARIO DE ORACIÓN

DÍAS 1–21

LA DESINTOXICACIÓN DE DANIEL **DÍA 1**

SUGERENCIAS DE COMIDAS

Desayuno	Almuerzo	Cena
Smoothie tropical	Quinoa caliente con aderezo	Sopas de lentejas con calabaza

PENSAMIENTO CLAVE

Sin un hígado sano y que funcione bien y un aparato intestinal sano, su cuerpo seguirá trabajando bajo un peligroso peso de toxinas.

SU RECETA DIARIA PARA LA SALUD

Con una dieta especial para mantener en forma su hígado y su aparato intestinal, y un programa de breves y fáciles ayunos a base de jugos, junto con algunos cambios en el estilo de vida, usted realmente puede limpiar su cuerpo. Al limpiar su sistema de toxinas acumuladas, verdaderamente se sentirá mejor de lo que se haya sentido en años. Una profunda limpieza de su cuerpo en este momento hasta el nivel celular renovará su vitalidad, restaurará su energía, le devolverá su salud, quitará grasa tóxica, alargará su vida y le dará un brillo sano.

SU VIAJE ESPIRITUAL DIARIO

Pero los que son de Cristo han crucificado la carne con sus pasiones y deseos. Si vivimos por el Espíritu, andemos también por el Espíritu.
—GÁLATAS 5:24–25

El ayuno es una poderosa herramienta espiritual que nos ayuda a ver con los ojos espirituales; aclara nuestra visión y nos ayuda a centrarnos en las cosas de Dios. Él tiene muchas cosas que darnos, pero a veces las perdemos porque ponemos nuestra atención en algún otro lugar. Permítale a Él que dirija sus pensamientos y deseos y los ponga en línea con sus propósitos hoy. Al comenzar este periodo de abnegación, le aliento a que lea Gálatas 5:16–26 para recordar lo que significa andar en el Espíritu y hacer guerra contra su carne: cada parte de usted que está afectada por el pecado.

Piense en las razones físicas y espirituales de su ayuno, y escriba una frase sobre por qué está comenzando este programa de ayuno de veintiocho días y lo que espera usted lograr durante este tiempo especial.

_____

_____

_____

Ahora que ha pensado sobre su propósito(s) para el ayuno, es momento de hacer un compromiso de ceñirse al programa. La siguiente es una oración de declaración. Para ayudarle a seguir comprometido, le aliento a que diga esta oración (o una similar con sus propias palabras) en voz alta y con convicción antes de cada comida durante su ayuno.

Querido Señor, ya no utilizaré más solamente mi fuerza de voluntad para controlar mi apetito; en cambio, utilizaré tu poder infundido a mi fuerza de voluntad mediante el Espíritu Santo. Crucificaré mi carne diariamente y daré a mi cuerpo lo que necesita y no lo que desea. Desde este día en adelante, me niego a contaminar mi cuerpo comiendo alimentos que no son sanos. Confieso con valentía que, con la ayuda del Espíritu Santo, limpiaré y desintoxicaré mi cuerpo, que es su templo. En el nombre de Jesús, amén.

ESCRIBA SUS PENSAMIENTOS

Use el espacio siguiente para escribir lo que sienta que Dios está poniendo en su corazón acerca de este tiempo de ayuno o cualquier petición de oración que esté haciendo durante este periodo.

_____

_____

_____

_____

_____

_____

_____

_____

_____

_____

_____

_____

_____

_____

SUGERENCIAS DE COMIDAS

Desayuno	Almuerzo	Cena
Smoothie rosado Fortalecedor	Deliciosa ensalada desintoxican-te	Crema de frijoles negros

PENSAMIENTO CLAVE

Es importante entender que sus patrones de pensamiento y respuestas emocionales afectan a su cuerpo. Dios desea que usted esté completamente bien física, mental, emocional y espiritualmente.

SU RECETA DIARIA PARA LA SALUD

El ayuno proporciona muchos beneficios a su cuerpo, mente y espíritu. La ciencia médica está reconociendo cada vez más la conexión innata entre esas facetas inseparables de nuestro ser. Lo que comemos afecta a nuestro ánimo y, hasta cierto punto, hasta a nuestras actitudes. Lo que pensamos afecta al modo en que nuestros cuerpos digieren los alimentos e impacta la manera en que manejamos el estrés; y nuestro bienestar espiritual está influenciado por nuestra salud física y mental. Las emociones tóxicas, como la ira, el resentimiento, el temor, la ansiedad y la depresión, pueden crear un estrés excesivo, mientras que las emociones positivas, como la gratitud, el gozo, el amor y la paz, en realidad liberan estrés. Los efectos físicos de reprogramar sus pensamientos comienzan con su corazón. Su ritmo cardíaco varía de momento a momento, basado en sus emociones y actitudes. Cuando experimenta usted estrés y emociones negativas, como ira, frustración, temor y ansiedad, su patrón de variabilidad de ritmo cardíaco se vuelve más errático y desordenado, y envía señales caóticas al cerebro. El resultado es pérdida de energía y un desgaste añadido en su mente y su cuerpo. Como contraste, las emociones positivas sostenidas, como la apreciación, el amor, el gozo y la compasión, están asociadas con patrones cardíacos muy ordenados y una importante reducción del estrés.

SU VIAJE ESPIRITUAL DIARIO

Sobre toda cosa guardada, guarda tu corazón; porque de él mana la vida.

—PROVERBIOS 4:23

Dedique este tiempo de ayuno a centrarse más en las cosas que Dios ha hecho en su vida. En el espacio siguiente, haga una lista de cosas por las cuales está agradecido. Incluya su bienestar físico: su vista, su oído y su capacidad de gustar, su gusto y su

DÍA 2

LA DESINTOXICACIÓN DE DANIEL

tacto. Sea agradecido por tener el uso de sus dedos, manos, brazos, piernas, etc. No olvide darle gracias a Dios por las comodidades actuales como un auto, el agua caliente, el aire acondicionado y la calefacción, una computadora, un teléfono, etc. Dé gracias a Dios por suplir sus necesidades diarias: comida, agua, ropa, transporte y cobijo. Dé gracias por tener seres queridos, como su cónyuge, hijos, familiares, amigos, compañeros de trabajo, ¡hasta sus mascotas! Finalmente, dé gracias por la naturaleza: flores, tiempo, aire fresco, cualquier cosa que le haga sentir agradecido de estar vivo.

Repase esta lista diariamente, actualícela cuando sea necesario, y dígala en voz alta. También puede hacer esta oración (o algo similar con sus propias palabras).

Querido Señor, te pido que me ayudes a mantener mi corazón libre de actitudes y emociones incorrectas. En lugar de quejarme por las cosas que no tengo, escojo ser agradecido por las muchas bendiciones que tengo. Hoy escojo abandonar los pensamientos negativos y las mentiras del enemigo de mi alma. Ayúdame a permanecer en las promesas de tu Palabra y a pensar en cosas que estén basadas en tu verdad. En el nombre de Jesús, amén.

ESCRIBA SUS PENSAMIENTOS

Use el espacio siguiente para escribir los pensamientos que hayan venido a su mente durante el tiempo de oración de hoy

---

DÍA 3

LA DESINTOXICACIÓN DE DANIEL

Sugerencias de comidas

Desayuno	Almuerzo	Cena
Smoothie "Chocoadicción"	Ensalada rápida de tres frijoles	Crema de zanahoria y coco

Pensamiento clave

El perdón capacita al cuerpo para liberar toxinas. Escoja perdonar hoy, lo cual incluye perdonarse a usted mismo.

Su receta diaria para la salud

Muchos individuos rememoran, reviven y meditan en experiencias dolorosas de su pasado. Ellos reviven el dolor una y otra vez, y nunca sanan. Esos individuos albergan una ofensa: una circunstancia que se percibe como injusta o dolorosa. Cuando usted alberga una ofensa, normalmente trata el problema pensando demasiado en ello y hablando mucho de ello. Lo triste es que la falta de perdón en su corazón literalmente encierra toxinas dentro de su cuerpo. Cuando usted no perdona, estimula la respuesta del estrés en su cuerpo, lo cual causa estimulación crónica del sistema nervioso simpático y una elevación de hormonas de estrés, que a su vez causa estrangulamiento de venas y encierra toxinas en el cuerpo. Para más información sobre este tema, por favor refiérase a mi libro *Emociones que matan*.[2]

Su viaje espiritual diario

Soportándoos unos a otros, y perdonándoos unos a otros si alguno tuviere queja contra otro. De la manera que Cristo os perdonó, así también hacedlo vosotros.
—COLOSENSES 3:13

Uno de los mayores beneficios espirituales del ayuno es que puede traer reconciliación y restauración a nuestras vidas. Que ese sea su enfoque hoy. A medida que pase tiempo en oración, el Espíritu Santo puede guiarle a buscar reconciliación y restauración con alguien que le haya ofendido. Pida a Dios que le muestre cualquier persona o personas a quienes deba usted ir y buscar la reconciliación. ¿Cuáles son sus nombres?

_____

_____

_____

Perdonar es simplemente dejar ir las viejas heridas, y liberar a las personas y las situaciones en manos de Dios. Es útil primero imaginar con los ojos cerrados a la persona a quien usted necesita perdonar; cuando pueda ver su cara, perdónelo haciendo la siguiente oración (o una similar con sus propias palabras):

Padre, reconozco que he pecado contra ti al no perdonar a quienes me han ofendido. Señor, tú me perdonaste y cancelaste mi deuda; por tanto, puedo perdonar a cualquiera que me haya herido. También reconozco mi incapacidad para perdonarlos apartado de ti; por tanto, con tu ayuda y con todo mi corazón, escojo perdonar a _____. Cancelo su deuda; ya no me debe nada. Te pido que los bendigas y los lleves a una relación más cercana contigo. En el nombre de Jesús, amén.

Del mismo modo, perdone a otros, uno a uno, incluyéndose usted mismo, Dios, sus padres, su familia política, sus abuelos, hermanos, cónyuge, excónyuge(s), hijos, y cualquier otra persona que le haya ofendido, ya sea que recuerde usted o no eventos concretos relacionados con ellos.

ESCRIBA SUS PENSAMIENTOS

Use el espacio siguiente para escribir cualquier cosa que haya descubierto hoy sobre el perdón.

_____

_____

_____

_____

_____

_____

_____

_____

_____

_____

_____

_____

_____

Sugerencias de comidas

Desayuno	Aperitivo	Cena
Smoothie picante de mango	Ensalada de col crespo y vegetales	Sopa caliente y agria al estilo Daniel

Pensamiento clave

Deje que lo que ingiere en su cuerpo proporcione salud. "Que su medicina sea su comida, y que su comida sea su medicina", dijo Hipócrates.

Su receta diaria para la salud

El ayuno es bueno para usted en muchos niveles. Hay pocas cosas que pueda hacer por su cuerpo que tengan tanto poder para mejorar de modo radical su salud física como lo tiene el ayuno. El ayuno ayuda a romper las adicciones a la comida y otros hábitos alimenticios que no son sanos. Después de un ayuno, las frutas y verduras frescas saben estupendamente; y usted no deseará "darse un atracón" o comer en exceso cuando recibe el alimento que su cuerpo necesita. Así que no se alarme. El ayuno no tiene por qué dar miedo; mejorará su salud físicamente y espiritualmente.

Su viaje espiritual diario

Y en las sequías saciará tu alma, y dará vigor a tus huesos.

—Isaías **58:8**

Hay un gran poder espiritual en el ayuno. Le capacita para ser liberado de cosas que le han estado apartando de todo lo que Dios tiene para usted, y una de esas cosas es la enfermedad. Puede usted ayunar para sanar su propio cuerpo, o puede ayunar por la enfermedad de un ser querido. Enumere las cargas físicas y las personas por las que está usted orando.

_____

_____

_____

Ahora es momento de orar por sanidad, de declarar palabras de vida. Me gusta llamarlo "orar la respuesta, no el problema". En lugar de identificarse con ciertas enfermedades ("Señor, por favor sana 'mi' artritis", "Señor, sana 'mi' diabetes", etc.), ore la respuesta como se promete en la Palabra de Dios. Este es un ejemplo de lo que quiero decir.

Padre, en Isaías 53:5 tu Palabra promete que soy sanado por las heridas de Jesús. Al centrarme en el increíble amor de Cristo, que sufrió y murió por mí, ayúdame a recordar que además de mi salvación, Él también compró mi sanidad. Soy sano. Recibo la promesa de sanidad en Jesús por fe. Amén.

Haga esta oración o use sus propias palabras. Pase unos momentos en silencio, meditando en las promesas de sanidad que Dios ha dado en su Palabra.

ESCRIBA SUS PENSAMIENTOS

Use el siguiente espacio para escribir lo que sienta que el Espíritu Santo está poniendo en su corazón—quizá mediante pensamientos o imágenes en su mente—durante este tiempo de quietud.

_____

_____

_____

_____

_____

_____

_____

_____

_____

_____

_____

_____

_____

_____

_____

DÍA 5

LA DESINTOXICACIÓN DE DANIEL

SUGERENCIAS DE COMIDAS

Desayuno	Almuerzo	Cena
Smoothie de pepino depurador	Ensalada de quinoa antioxidante	Sopa de calabaza asada

PENSAMIENTO CLAVE

Puede alejarse de hábitos alimenticios no sanos sustituyendo conscientemente los productos alimenticios "muertos" que han sido sus favoritos con "alimentos vivos" como el pan Ezequiel o maná, en lugar de pan blanco.

SU RECETA DIARIA PARA LA SALUD

"Los alimentos vivos"—frutas orgánicas, verduras, granos integrales, frutos secos y semillas—producen vida. Los alimentos hechos por el hombre están generalmente "muertos", lo que significa que no tienen enzimas y normalmente serán deficientes en vitaminas, minerales, antioxidantes y fitonutrientes. "Los alimentos muertos" incluyen la mayoría de comidas rápidas, alimentos azucarados y procesados. La ingesta excesiva de alimentos muertos finalmente conduce a enfermedades degenerativas y una muerte prematura.

SU VIAJE ESPIRITUAL DIARIO

Y serás llamado reparador de portillos, restaurador de calzadas para habitar.

—ISAÍAS 58:12

Ya que hemos hablado hoy de alimentos vivos, hablemos de otras maneras de dar vida a nuestro espíritu y nuestras familias. El versículo que hemos destacado hoy proviene de Isaías 58, denominado el capítulo del ayuno en la Biblia porque define el tipo de ayuno que Dios honra. En el versículo 12 leemos que el ayuno tiene el poder de restaurar y traer reconciliación. Quizá sus seres queridos estén lejos de Cristo y, como resultado, ha habido una brecha en su relación con ellos. Por medio del ayuno puede usted romper el poder de las tinieblas que evita que sus seres queridos experimenten la verdad del evangelio, y Dios puede restaurar y reconstruir lo que el enemigo ha robado. Dios tiene un plan para su familia. Él puede llevar la vida de la salvación a sus corazones y puede restaurar vida en su relación con ellos. Si hay personas o situaciones en su vida que necesiten el milagroso poder restaurador del Espíritu de Dios, enumérelos aquí.

_____

_____

Ahora oremos por esas personas y situaciones. Puede usted hacer la siguiente oración o usar sus propias palabras.

Querido Señor, te doy gracias porque tu Palabra promete que tú restaurarás lo que el enemigo haya quitado de mi vida. Hoy declaro que por la autoridad de Jesús en mi vida, ya no permitiré más que el enemigo robe mi salud, mis relaciones o mi hogar. Trae el poder reconciliador de tu Espíritu a cada situación, y que cada persona con la que me encuentre hoy sea tocada por tu amor. En el nombre de Jesús, amén.

ESCRIBA SUS PENSAMIENTOS

Use el espacio siguiente para escribir cualquier cosa que Dios traiga a su mente al orar hoy.

_____

_____

_____

_____

_____

_____

_____

_____

_____

_____

_____

_____

_____

_____

DÍA 6

LA DESINTOXICACIÓN DE DANIEL

SUGERENCIAS DE COMIDAS

Desayuno	Almuerzo	Cena
Smoothie de remolacha	Pad Thai desintoxicante al estilo Daniel	Sopa de frijoles con vegetales

PENSAMIENTO CLAVE

El ayuno en humildad delante de Dios es increíblemente poderoso y puede cambiar toda una nación.

SU RECETA DIARIA PARA LA SALUD

Escoger sus alimentos es el primer paso hacia un estilo de vida con la salud en primer lugar, pero el modo en que prepare esos alimentos es igualmente importante. La fritura hace que los alimentos (patatas, pollo, aros de cebolla, etc.) se empapen de radicales libres y pierdan nutrientes. Hay maneras mucho más sanas de cocinar los alimentos. Dar una vuelta en la sartén es un buen método, ya que la comida se cocina tan brevemente que retiene la mayoría de sus nutrientes. Sencillamente use una pequeña cantidad de aceite orgánico, extra virgen de oliva, coco o macadamia. Cocinar a la parrilla generalmente es también sano. Use una parrilla a gas propano en lugar de carbón, que contiene toxinas peligrosas. Ponga la parrilla tan alejada como sea posible de la llama. Si la carne se cocina sobre la llama, la grasa que gotea del metal cae al fuego, y se convierte en humo. Los pesticidas que hay en la grasa carbonizan la carne, de modo que se forman cantidades aún mayores de carcinógenos. Evite la carne muy tostada, pues contiene un elemento químico llamado benzopireno, una sustancia altamente carcinógena. Quite la parte carbonizada.

SU VIAJE ESPIRITUAL DIARIO

Cuando comenzó a amanecer, Pablo exhortaba a todos que comiesen, diciendo: Este es el decimocuarto día que veláis y permanecéis en ayunas, sin comer nada. Por tanto, os ruego que comáis por vuestra salud; pues ni aun un cabello de la cabeza de ninguno de vosotros perecerá.
—HECHOS 27:33–34

El ayuno es una práctica bíblica que obtiene resultados. Dios espera que usted ayune, pues le ayudará a cumplir el propósito que tiene para su vida. Es una manera maravillosa de crucificar nuestros propios deseos y centrarnos en las cosas que son importantes para Dios. También trae la liberación de Dios a situaciones que le hayan causado continuos problemas. Si está usted en medio de una prueba, reciba aliento: Dios no le ha olvidado. Él prometió a los marineros en Hechos 27 que ni un solo cabello caería de sus cabezas. Él sabe exactamente dónde está usted y lo que necesita. Crea en Él para que haya una victoria en su situación a la vez que hoy se humilla mediante el ayuno. Use este espacio para describir la situación de estrés que afronta usted hoy, esta semana o este mes.

_____

_____

_____

Esta es una oración de ejemplo:

Padre, tu Palabra dice que lo que el hombre siembre, eso también cosechará. Hoy reclamo eso para mi salud. A medida que siembro salud al comer y cocinar de maneras sanas, confío en que tú serás fiel para producir buena salud en mi vida. También reclamo el principio de la siembra y la cosecha para las situaciones problemáticas que el enemigo ha usado para tratar de obstaculizarme. Al sembrar tu Palabra y tu presencia en mi vida, espero cosechar victorias para tu gloria. En el nombre de Jesús, amén.

ESCRIBA SUS PENSAMIENTOS

Use el espacio siguiente para escribir lo que sienta que Dios está poniendo en su corazón durante este tiempo.

_____

_____

_____

_____

_____

_____

_____

_____

DÍA 7

LA DESINTOXICACIÓN DE DANIEL

Sugerencias de comidas

Desayuno	Almuerzo	Cena
Smoothie verde depurador	Ensalada desintoxicante de eneldo	Sopa de vegetales desintoxicante

Pensamiento clave

El agua del grifo contiene metales pesados, pesticidas, bacterias, otros microbios, cloro, fluoruro, aluminio y muchos otros productos químicos y toxinas. Es mejor no beber agua del grifo o usarla para cocinar.

Su receta diaria para la salud

Muchas personas escogen beber agua del grifo; sin embargo, no es una decisión sabia. Un informe del gobierno identificó más de dos mil productos químicos en nuestra agua corriente.[3] Sin embargo, la mayoría de equipos de pruebas del agua solo pueden realizar pruebas para aproximadamente treinta o cuarenta productos químicos. Las plantas municipales de tratamiento tampoco detectan ni eliminan la mayoría de productos químicos del agua corriente. Los acuíferos subterráneos que alimentan las reservas de agua de las ciudades pasan por vertederos, basuras enterradas y hasta tanques de almacenamiento subterráneo. Tarde o temprano, cualquier cosa que enterramos, rociamos, emitimos o tiramos se hace camino hasta nuestra agua corriente. El agua del grifo es buena para regar, lavar ropa y para el retrete, pero no para beber o cocinar. Si ha estado usted bebiendo agua del grifo o bebidas hechas con agua del grifo (té frío, café, etc.), recomiendo encarecidamente que o bien compre un filtro de agua, o compre agua embotellada. Para más información sobre este tema, lea mi libro, *Los siete pilares de la salud* [Casa Creación].[4]

Su viaje espiritual diario

Jehová . . . en las sequías saciará tu alma, y dará vigor a tus huesos.

—Isaías **58:11**

Otro beneficio del ayuno en Isaías 58 es el refrigerio mental, físico y espiritual. La Biblia también nos dice en Isaías 40:31 que cuando esperamos en el Señor, nuestras fuerzas son renovadas. Igual que corrientes de agua pura y limpia que fluyen del cielo, el Espíritu de Dios puede lavarnos, refrescarnos y renovarnos. Permita que Él lave su cansancio, preocupación y sequedad espiritual hoy. A medida que pase tiempo en su presencia, espere en Él en silencio y permítale que renueve sus fuerzas.

Esta es una sencilla oración para que usted haga:

Querido Señor, recibo hoy tu frescura. Pido que tu Espíritu brote en mi vida como ríos de agua viva. Tengo sed de más de ti y te pido que me llenes hoy hasta rebosar. Con Job puedo decir: "Guardé las palabras de su boca más que mi comida" (Job 23:12). En el nombre de Jesús, amén.

Escriba sus pensamientos

Use el espacio siguiente para expresar su sed de más de Dios en su vida.

_____

_____

_____

_____

_____

_____

_____

_____

_____

_____

_____

_____

_____

_____

_____

_____

_____

_____

_____

DÍA 8

LA · DESINTOXICACIÓN DE DANIEL

Sugerencias de comidas

Desayuno	Almuerzo	Cena
Smoothie "rojolicioso"	Ensalada de col crespo y vegetales	Sopa de repollo desintoxicante

Pensamiento clave

Cuando se siente a comer, tome tiempo para dar gracias a Dios y meditar en toda su bondad y provisión. Libere toda emoción negativa, bendiga los alimentos y entonces comience a comer.

Su receta diaria para la salud

Haga de las comidas los momentos más placenteros del día, en especial la cena. Debería ser un tiempo para relajarse y reunirse con la familia y los amigos para disfrutar de los alimentos y del compañerismo. La atmósfera en las comidas debería ser pacífica, placentera y agradable. Apague el televisor; ni siquiera vea eventos deportivos, las noticias o una película. Comience su comida con una bendición y luego deténgase y piense en lo agradecido que está. Siempre mantenga una conversación agradable, y nunca use la mesa para amonestar a sus hijos o hablar de temas estresantes para usted o para sus hijos. Nunca discuta ni se queje en la mesa, sino escoja alentar, contar historias divertidas o entretenidas, y simplemente relajarse y tener compañerismo unos con otros.

En los restaurantes es común oír a familias discutir, quejarse y molestarse unos a otros. Comprenda que cuando tiene estrés, no puede digerir tan bien y está más inclinado a desarrollar ardor de estómago, indigestión, hinchazón y gases.

Si está usted enojado, molesto o simplemente irritado, entonces espere antes de comer. Cuando las familias se sientan a la mesa para comer juntos, en especial para cenar, los padres tienen una oportunidad de volver a conectar con sus hijos.

Tenga el objetivo de crear un ambiente agradable en los tiempos de las comidas, y si comienzan discusiones o peleas, redirija la conversación hacia temas buenos y agradables.

Su viaje espiritual diario

Y los tuyos edificarán las ruinas antiguas; los cimientos de generación y generación levantarás.

—Isaías **58:12**

En Isaías 58 vemos que hay una promesa de levantar los cimientos de muchas generaciones mediante el ayuno. ¿Hay peleas en su familia? La Biblia dice que tanto las maldiciones como las bendiciones pueden ser pasadas de una generación a la siguiente. A menudo, oímos el término maldiciones generacionales para referirse a esto. Las maldiciones generacionales pueden ser físicas (como en la predisposición a la enfermedad), pero también pueden ser rasgos de carácter. ¿Hay maldiciones generacionales de ira, crueldad o falta de respeto hacia otros que necesitan ser rotas en su familia? Enumere las conductas que pueda usted haber aprendido al crecer y de las que quiere ser libre antes de que sean transmitidas a sus hijos.

_____

_____

_____

Señor, comprendo que mi conversación tiene que ser un reflejo de tu Espíritu obrando en mí. Permite que mi conversación esté llena de gracia. Renuncio a cualquier maldición generacional que me haga usar palabras que derriben a otros. Llena mi boca de palabras que den vida a quienes me rodean y los edifiquen. En el nombre de Jesús, amén.

ESCRIBA SUS PENSAMIENTOS

Use el espacio siguiente para escribir sus pensamientos y peticiones de oración.

_____

_____

_____

_____

_____

_____

_____

_____

_____

DÍA 9

LA DESINTOXICACIÓN DE DANIEL

SUGERENCIAS DE COMIDAS

Desayuno	Almuerzo	Cena
Smoothie de pepino depurador	Ensalada rápida de tres frijoles	Sopa de miso desintoxicante al estilo Daniel

PENSAMIENTO CLAVE

No coma en exceso. Coma solamente hasta estar satisfecho, y no más. Comer en exceso da a su hígado y sus vías de desintoxicación un enorme peso añadido.

SU RECETA DIARIA PARA LA SALUD

La razón principal por la que muchos estadounidenses son obesos es simplemente la glotonería, y los cristianos no son una excepción. Un estudio de la Universidad Purdue descubrió que las personas religiosas tienen más probabilidad de tener sobrepeso que las personas no religiosas.[5]

Si tiende usted a comer demasiado, los siguientes son algunos consejos que pueden ayudar. Llene su plato en la cocina y póngalo en la mesa en lugar de servirse estando en la mesa. Mastique la comida lentamente (cada bocado debería masticarse treinta veces), y descanse entre bocado y bocado. Deje el tenedor en el plato entre bocados. Dé a su estómago una oportunidad de descubrir lo lleno que está antes de darle más comida. Generalmente se necesitan veinte minutos para que el cerebro le informe de que está usted lleno o satisfecho, así que coma con calma. Un profundo suspiro al final de una comida es generalmente una señal de que su cuerpo está satisfecho. Planee dar un paseo tras la comida. Cuando coma fuera de casa, divida lo que pida con su cónyuge o llévese la mitad de su pedido para comerlo al día siguiente.

SU VIAJE ESPIRITUAL DIARIO

¿O ignoráis que vuestro cuerpo es templo del Espíritu Santo, el cual está en vosotros, el cual tenéis de Dios, y que no sois vuestros? Porque habéis sido comprados por precio; glorificad, pues, a Dios en vuestro cuerpo y en vuestro espíritu, los cuales son de Dios.

—1 CORINTIOS 6:19–20

La glotonería, o comer indisciplinadamente, es, en primer lugar y sobre todo, un problema espiritual y emocional; en segundo lugar, es un problema dietético. La glotonería es simplemente una falta de templanza. En todos mis años de práctica como médico he tratado a miles de pacientes con problemas de peso, y casi siempre la raíz es emocional. Normalmente han intentado muchas dietas diferentes y han fracasado. El momento en que fallan y comen los alimentos incorrectos, se sienten culpables y avergonzados. Si encaja usted en esta descripción, tome un momento para escribir sus experiencias en el espacio siguiente.

_____

_____

_____

Vale la pena mencionar que no tiene que tener sobre peso para ser glotón. Si su peso es normal pero constantemente se atraca de todo alimento no sano que su carne desea, está usted tan incontrolado como cualquier persona con sobrepeso. Recuerde: Dios mira el corazón y ve la falta de disciplina que hay en su vida. Rompa el círculo de comer de modo poco sano e indisciplinado amándose, aceptándose y perdonándose a usted mismo. Comprenda que nadie va a refrenar su apetito, ni siquiera Dios. Solamente usted puede hacerlo. Debe comenzar a elegir correctamente tanto la comida como la bebida. Pase unos minutos pensando sobre los cambios que tiene que hacer en sus hábitos alimenticios. Enumérelos aquí.

_____

_____

_____

Ahora oremos por el poder para ser libre de la glotonería.

Querido Señor, a medida que sigo ayunando me siento alentado a comprender que eso hará que otros te vean a ti en mí. Conforme el Espíritu Santo me da poder para ser libre de los hábitos alimenticios indisciplinados, te pido que más de tu carácter y de tu poder fluyan por medio de mi vida. No puedo romper estos hábitos en mis propias fuerzas. Recibo tu fortaleza para ejercer templanza y ser libre de la glotonería para tu gloria. En el nombre de Jesús, amén.

ESCRIBA SUS PENSAMIENTOS

Use el espacio siguiente para escribir sobre su meta de llegar a ser más disciplinado y las maneras en que Dios le ayudará.

_____

_____

_____

DÍA 10

LA DESINTOXICACIÓN DE DANIEL

SUGERENCIAS DE COMIDAS

Desayuno	Almuerzo	Cena
Smoothie rosado fortalecedor	Ensalada de quinoa antioxidante	Sopa de lentejas desintoxicante al estilo Daniel

PENSAMIENTO CLAVE

Usted es lo que come, en especial cuando se trata de su cuerpo físico. Y lo que come puede marcar la diferencia para mantener, fortalecer y desintoxicar su hígado.

SU RECETA DIARIA PARA LA SALUD

Todo lo que pone usted en su boca tiene el potencial de producir vida o muerte. Comer regularmente los alimentos incorrectos al final causará una mala salud y enfermedad. Todos los alimentos no son creados iguales. Los alimentos vivos fueron creados para nuestro consumo; existen en un estado crudo o casi crudo. Los alimentos vivos incluyen frutas, verduras, granos integrales, semillas y frutos secos. No se les han añadido productos químicos, ni han sido decolorados o químicamente alterados. Los alimentos vivos son arrancados, segados y exprimidos, y no procesados, empaquetados y puestos en un estante.

Si quiere tener salud y energía, entonces debe comenzar a escoger más alimentos vivos. Si puede comer al menos un 50% de su comida en alimentos vivos, tiene muchas más probabilidades de estar sano y ser resistente a la mayoría de enfermedades.

SU VIAJE ESPIRITUAL DIARIO

Os he puesto delante la vida y la muerte, la bendición y la maldición; escoge, pues, la vida, para que vivas tú y tu descendencia.
—**DEUTERONOMIO 30:19**

Este versículo registra un desafío que Moisés puso a los israelitas. Nos muestra cómo nuestras elecciones afectan las vidas de las generaciones que nos siguen. En el día 8 hablamos sobre maldiciones generacionales, pero hoy vemos "elecciones generacionales". Pida al Espíritu Santo que le revele elecciones que usted ha hecho y que no fomentan la vida o el bienestar espiritual, emocional o físico. ¿Comprende ahora que esas elecciones no están transmitiendo hábitos sanos a sus hijos? ¿Qué elecciones hará ahora para dar vida y salud a su familia?

_____

_____

¿Cómo planea poner en práctica el cambio y crear hábitos sanos y vivificantes para la siguiente generación en su hogar? Pase unos minutos pensando y orando antes de escribir sus respuestas. Dios puede poner en su corazón diferentes maneras de producir cambios que puede que usted no pensara por sí solo.

_____

_____

_____

Ahora haga de ello un tema de oración:

Querido Señor, hoy escojo la vida. Escojo tu preciosa vida eterna para mí y mi casa, pero también escojo una vida abundante de salud, prosperidad, paz y gozo. Muéstrame hoy cualquier área de mi vida en que mis elecciones no estén en línea con los principios vivificantes de tu Palabra. Capacítame mediante tu Espíritu para obedecer tu voz a fin de poder experimentar tu vida y compartirla con otros. En el nombre de Jesús, amén.

Escriba sus pensamientos

Use el espacio siguiente para escribir cualquier cosa que Dios le haya revelado sobre sus elecciones.

_____

_____

_____

_____

_____

_____

_____

_____

SUGERENCIAS DE COMIDAS

Desayuno	Almuerzo	Cena
Smoothie "Chocoadicción"	Ensalada desintoxicante de eneldo	Sopa de calabaza asada

PENSAMIENTO CLAVE

La sabiduría es un sendero que Dios nos ha dado para que andemos en él. Cuando escogemos andar en sabiduría, los beneficios para nuestras vidas y nuestra salud son ilimitados.

SU RECETA DIARIA PARA LA SALUD

Como antioxidante, el té verde es doscientas veces más potente que la vitamina E y quinientas veces más potente que la vitamina C. Se cree que el té verde bloquea el efecto de los productos químicos que causan cáncer; también activa las encimas de la desintoxicación en el hígado, que ayudan a defender su cuerpo contra el cáncer. Con propósitos de desintoxicación, recomiendo una taza de té verde orgánico dos o tres veces al día. Si lo prefiere, puede tomar té verde en cápsulas (ver Apéndice B).

Como puede imaginar ya, los antioxidantes son muy importantes en este trabajo vital de su hígado. El glutatión es uno de los antioxidantes más importantes y abundantes del cuerpo. El hígado es un semillero de actividad de radicales libres, y los niveles esenciales de glutatión son esenciales para prevenir daños por los radicales libres. El aminoácido NAC (N-acetil cisteína) en el cuerpo es convertido en glutatión; también el potente antioxidante DHLA (ácido dihidrolipóico) es capaz de quemar todos los radicales libres conocidos que se produzcan en el tejido vivo, solubles tanto en agua como en grasa. Regenera la vitamina C, E, CoQ_{10}, y el glutatión. Otra forma de ácido lipóico llamado forma R es también un excelente suplemento (ver Apéndice B).

SU VIAJE ESPIRITUAL DIARIO

Por tanto, no seáis insensatos, sino entendidos de cuál sea la voluntad del Señor.
—EFESIOS 5:17

Puede que tenga días en que se pregunte sobre su propósito y hasta si tiene alguno. El ayuno y la oración pueden revelarle el propósito de Dios y dar enfoque a su vida. No tiene usted que estar en la oscuridad cuando se trata de conocer la voluntad de Dios para el futuro. Puede usted saber que está siguiendo su camino; Él tiene una

DÍA 11

LA DESINTOXICACIÓN DE DANIEL

tarea para usted, y se la revelará. Si tiene cualquier pensamiento o pregunta sobre la voluntad y el propósito de Dios para su vida, tome un momento para escribirlos aquí.

_____

_____

_____

Ahora pase unos minutos en oración, pidiendo a Dios que le revele su voluntad. Puede hacer esta oración o una similar con sus propias palabras.

Querido Señor, confío en ti para que me dirijas y me guíes para que yo siga tu camino para mi vida. Dirige mis decisiones hoy con respecto a mi futuro, mi familia y mis finanzas. Todo lo que tengo es tuyo para que lo uses para tu gloria: mi cuerpo, mis dones y talentos, mi dinero y posesiones. Permanezco en fe, esperando que tú me muestres los buenos planes que tienes para mí, según Jeremías 29:11. En el nombre de Jesús, amén.

Como dice el Dr. Bob Rodgers en su libro *The 21-Day Fast* [El ayuno de 21 días]: "Cada tarea tiene un lugar de nacimiento. Que este...ayuno sea el lugar de nacimiento donde encuentre usted su verdadera misión en la vida".[6]

Escriba sus pensamientos

Si siente que Dios le está dando una "tarea" o revelando su voluntad para su vida, escríbalo en el espacio siguiente junto con la fecha de hoy.

_____

_____

_____

_____

_____

_____

_____

_____

SUGERENCIAS DE COMIDAS

Desayuno	Almuerzo	Cena
Smoothie "rojolicioso"	Deliciosa ensalada desintoxicante	Sopa de lentejas con calabaza

PENSAMIENTO CLAVE

Si quiere una manera fácil y natural de potenciar su autoimagen, edificar su confianza y aumentar su energía, decida hacer ejercicio al menos veinte minutos al día, tres o cuatro veces a la semana.

SU RECETA DIARIA PARA LA SALUD

Recomiendo que para asegurar un estilo de vida sano y de ayuno, planee usted incluir un buen programa de ejercicio físico. Pueden eliminarse muchas toxinas sencillamente mediante la transpiración a medida que le da a su cuerpo el ejercicio que este necesita. El ejercicio es también un antídoto para el estrés, ayudando a relajar los músculos rígidos y a liberar la tensión del día.

El ejercicio regular mejora la salud del corazón, la función pulmonar, la circulación y la presión sanguínea. El ejercicio en realidad puede disminuir la fatiga, ya que relaja sus músculos y reduce el estrés. A medida que hace ejercicio, su cuerpo también libera endorfinas, las cuales son antidepresivos naturales y mitigadores del dolor, lo que da como resultado que usted se sienta mejor después de haber hecho ejercicio.

El ejercicio aeróbico ayuda a calmar su cuerpo al igual que su mente al liberar tensión. Durante su ayuno, es mejor que este ejercicio sea ligero a fin de no estar demasiado cansado. Puede que quiera juntarse con amigos para caminar, jugar al tenis o montar en bicicleta. Escoja hacer ejercicio de manera que lo disfrute, y tendrá más posibilidades de ser exitoso.

SU VIAJE ESPIRITUAL DIARIO

¿No es más bien el ayuno que yo escogí, desatar las ligaduras de impiedad, soltar las cargas de opresión...?

—ISAÍAS 58:6

De la misma manera que el ejercicio ligero durante un ayuno libera tensión y estrés, el ayuno espiritual puede liberarnos de cargas que la oración regular no puede romper. La Biblia utiliza palabras como *carga* o *yugo* para describir esas cosas que evitan que experimentemos libertad en Cristo. Nos mantienen cautivos, y nuestra fuerza humana limitada no es suficiente para liberarnos. Pero en Isaías 58:6

aprendemos que el ayuno tiene el poder de deshacer pesadas cargas y problemas que parecen demasiado grandes para soportarlos. ¿Qué circunstancias en su vida se han convertido en cargas para usted? ¿Finanzas, tensiones de la vida cotidiana, enfermedad crónica, problemas legales, impuestos, vecinos, compañeros de trabajo o familiares difíciles? Escriba sobre las áreas donde usted necesita una victoria en el espacio siguiente.

_____

_____

_____

Querido Señor, creo que tú me has liberado y, por tanto, ¡soy verdaderamente libre! Permanezco en fe creyendo que tú te moverás por mí para cambiar circunstancias en mi vida y liberarme de pesadas cargas y fortalezas que me han mantenido cautivo. Entrego esas situaciones que he intentado llevar aunque tú nunca quisiste que yo las llevara. A pesar de lo desesperada que parezca la situación, ya no trataré de manejarla en mis propias fuerzas, sino que esperaré para ver tu mano de liberación obrar en mi vida. En el nombre de Jesús, amén.

ESCRIBA SUS PENSAMIENTOS

Use el espacio siguiente para escribir las cargas que sienta que Dios está liberando de su vida hoy.

_____

_____

_____

_____

_____

_____

_____

_____

_____

_____

DÍA 13

LA DESINTOXICACIÓN DE DANIEL

SUGERENCIAS DE COMIDAS

Desayuno	Almuerzo	Cena
Smoothie verde depurador	Quinoa caliente con aderezo	Sopa de miso desintoxicante al estilo Daniel

PENSAMIENTO CLAVE

No coma cuando esté estresado. Antes de agarrar su tenedor, tome un instante para relajarse un poco respirando profundamente de cinco a diez veces lentamente con el abdomen. Es muy importante.

SU RECETA DIARIA PARA LA SALUD

La eficacia de su aparato gastrointestinal es desafiada cada día. Uno de esos desafíos proviene de una deficiencia de esos increíblemente poderosos jugos gástricos. Si tiene usted más de cincuenta años de edad, puede que esté entre los individuos de mediana edad que comienzan a experimentar una reducción en el ácido clorhídrico que es tan esencial para la digestión. Cuando los niveles de este ácido se agotan, siguen problemas digestivos.

Si el estrés juega un papel importante en su vida, probablemente no necesite que yo le diga que afecta a la digestión. No es inusual que los individuos estresados tengan medicinas para el estómago en su lugar de trabajo y en su casa. Si está usted estresado, es probable que no solo tenga deficiencia de ácido clorhídrico, sino que también puede tener deficiencia de encimas pancreáticas. La falta de esas encimas pancreáticas vitales causa mala digestión de las proteínas, las grasas y los carbohidratos. Cuando eso sucede, pedazos de alimentos parcialmente digeridos pueden pudrirse y finalmente conducir a una sobrepoblación de bacterias en el intestino delgado, a alergias a alimentos, a pérdidas en el intestino (aumento de permeabilidad intestinal), a síndrome de intestinos irritables, etc.

SU VIAJE ESPIRITUAL DIARIO

Y serás como huerto de riego, y como manantial de aguas, cuyas aguas nunca faltan.

—ISAÍAS **58:11**

El huerto de riego y el manantial de aguas en Isaías 58:11. Son símiles de la prosperidad. Este pasaje nos dice que las bendiciones de Dios no faltarán; no terminarán. Podemos mirarlo a Él como nuestra fuente y nuestro proveedor, y Él hará llover sus provisiones sobre nosotros y saciará la seca superficie de nuestros corazones. El estrés se evaporará; se romperán maldiciones y se suplirán las necesidades y, sí, hasta los deseos. Durante estos días de ayuno, ore para que sus deseos sean los deseos de Dios. Ore para que la voluntad de Dios para su vida sea reflejada en los deseos de su corazón. Al hacer un inventario espiritual de su vida, necesita abandonar sus viejas maneras de pensar y sus hábitos no sanos, y agarrarse al plan de Dios para su vida. A medida que se aleje del pecado y confíe en Dios con todo su corazón, Él derramará bendiciones sobre usted que ni siquiera podrá contener. En el espacio siguiente enumere los deseos de su corazón que sienta que están en línea con el plan de Dios para su vida.

_____

_____

_____

Ahora pasemos algún tiempo en oración.

Querido Señor, sé que tú dijiste que puedes hacer mucho más abundantemente de lo que yo pueda pedir o pensar. Creo que ya estás obrando para otorgarme bendiciones a medida que busco conocer los deseos de tu corazón. Con cada nueva bendición, que sea yo más fiel y que nunca olvide alabarte y darte las gracias por todo lo que tú has hecho y sigues haciendo en mi vida. En el nombre de Jesús, amén.

Escriba sus pensamientos

En el espacio siguiente, escriba lo que sienta que Dios está poniendo en su corazón durante este tiempo de oración.

_____

_____

_____

_____

_____

_____

_____

DÍA 14

LA DESINTOXICACIÓN DE DANIEL

SUGERENCIAS DE COMIDAS

Desayuno	Almuerzo	Cena
Smoothie picante de mango	Pad Thai desintoxicante al estilo Daniel	Sopa de vegetales desintoxicante

PENSAMIENTO CLAVE

Si las malas elecciones en la vida han causado enfermedad a su cuerpo, no se condene. Dios no le condene. Comience a hacer mejores elecciones basándose en la sabiduría piadosa.

SU RECETA DIARIA PARA LA SALUD

La fibra es fantástica para su aparato gastrointestinal, pues actúa como una escoba, barriendo el colon, eliminando toxinas y uniendo toxinas y bilis de modo que no pueden ser reabsorbidas de nuevo. Toda esa actividad es muy importante para evitar la enfermedad. Dietas altas en fibra también reducen el nivel de estrógenos circulantes trabándolos y evitando que sean reabsorbidos y vuelvan a circular por el hígado.

La mayoría de productos químicos que han sido desintoxicados por el hígado están contenidos en la bilis, la cual es entonces vertida a los intestinos. Esto, como ya sabe, es una parte importante del proceso de desintoxicación de su cuerpo. Pero si su aparato gastrointestinal no tiene fibra suficiente o está estreñido, entonces gran parte de esa bilis tóxica será reabsorbida por el cuerpo. Por eso es tan importante comer mucha fibra cada día mediante su dieta y suplementarla con fibra regularmente a fin de que las toxinas que hay en su cuerpo sean eliminadas. Esto reducirá de modo dramático la carga de toxinas en su cuerpo.

SU VIAJE ESPIRITUAL DIARIO

Proclamé un ayuno para que nos humilláramos ante nuestro Dios y le pidiéramos que nos acompañara durante el camino, a nosotros, a nuestros hijos y nuestras posesiones.

—ESDRAS **8:21**, NVI

Esta es la historia que está detrás del versículo de hoy. La nación judía había estado cautiva en Persia durante siglos. Cuando finalmente llegó la libertad, Esdras—un sacerdote—recibió permiso para regresar a Jerusalén y reconstruir el magnífico templo. El viaje a Jerusalén era muy peligroso, y Esdras necesitaba guía y protección para conducir la gran caravana de miles de judíos indefensos de regreso a su ciudad natal. Por tanto, proclamó un ayuno por protección, seguridad y dirección de Dios. Los judíos viajeros regresaron a Jerusalén seguros y con todas sus posesiones intactas. Una vez más, la Biblia dice que se obtuvieron poderosos resultados espirituales por medio del ayuno. ¿En qué situaciones necesita usted buscar la protección y la guía de Dios para hoy? Descríbalas en el espacio siguiente.

_____

_____

_____

Querido Señor, ven y quita las telarañas de incredulidad de mi corazón. Revela el camino por el que debería ir, y dame la valentía y la fe para caminar por ese camino, a pesar de lo que otros digan o hagan. Dame protección contra el enemigo y contra quienes quisieran hacerme daño u obstaculizarme. En el nombre de Jesús, amén.

Escriba sus pensamientos

Use el espacio siguiente para escribir cualquier dirección de Dios que sienta en su corazón hoy.

_____

_____

_____

_____

_____

_____

_____

_____

_____

_____

_____

SUGERENCIAS DE COMIDAS

Desayuno	Almuerzo	Cena
Smoothie de remolacha	Ensala desintoxicante de eneldo	Sopa de repollo desintoxicante

PENSAMIENTO CLAVE

La digestión realmente comienza cuando su cerebro manda señales de que su cuerpo necesita alimento. Cuando comienza usted a pensar sobre la minestrone que hará para la cena, su cerebro manda señales a su aparato digestivo para que comience a producir las enzimas y componentes necesarios para la digestión.

SU RECETA DIARIA PARA LA SALUD

Imagine que su piel de repente se convirtiera en cristal de modo que pudiera ver todo lo que sucede en su interior. Enseguida vería que su aparato intestinal es, en palabras sencillas, un largo y serpenteante tubo. De hecho, es un tubo continuo que tiene más de seis metros y que conecta todo su aparato digestivo. El alimento entra en el tubo por un extremo y sale por el otro.

Entremedias, el alimento pasa por mucho procesamiento. La boca comienza el proceso y conecta con el esófago; el esófago conecta con el estómago; el estómago conecta con el intestino delgado; el intestino delgado conecta con el intestino grueso, y el intestino grueso conecta con el recto y finalmente termina en el ano. Si la digestión y la eliminación siguen un buen curso y no son obstaculizados a medida que consume usted suficiente agua y fibra, entonces las toxinas son eliminadas diariamente, y se logra una buena salud.

SU VIAJE ESPIRITUAL DIARIO

Y sucedió que cuando Acab oyó estas palabras... ayunó, y durmió en cilicio, y anduvo humillado. Entonces vino palabra de Jehová a Elías tisbita, diciendo: ¿No has visto cómo Acab se ha humillado delante de mí? Pues por cuanto se ha humillado delante de mí, no traeré el mal en sus días; en los días de su hijo traeré el mal sobre su casa.

—1 REYES 21:27–29

El ayuno nos capacita para recibir la misericordia y la gracia de Dios. En el pasaje anterior vemos que Dios detuvo el juicio sobre Acab porque este se humilló por medio del ayuno. La misericordia y la gracia de Dios están disponibles para usted hoy.

LA DESINTOXICACIÓN DE DANIEL   DÍA 15

Cualquiera que sea su situación, si se arrepiente y se humilla delante de Dios Él será fiel y justo para perdonarle y restaurarle.

También puede utilizar este tiempo de ayuno para pedir la misericordia de Dios sobre nuestro país. Busque a Dios por nuestro país, y pida su perdón por el pueblo tan impío en que nos hemos convertido. Use el espacio siguiente para escribir cosas concretas por las que sienta que Dios le está guiando a arrepentirse por nuestro país.

_____

_____

_____

Ahora lleve esas cosas a Dios en oración.

Querido Señor, tú dijiste que si tu pueblo se humilla y ora, y se vuelve de sus malos caminos, tú oirás desde los cielos, perdonarás su pecado y sanarás su tierra. Te pido que hagas eso en mi hogar y en mi país hoy. Recibo tu misericordia y tu gracia, y te doy las gracias porque tu misericordia es nueva cada mañana y nunca falla. En el nombre de Jesús, amén.

ESCRIBA SUS PENSAMIENTOS

Use el espacio siguiente para escribir sobre la misericordia y la gracia de Dios en su vida, su familia, su comunidad o el país.

_____

_____

_____

_____

_____

_____

_____

_____

_____

Sugerencias de comidas

Desayuno	Almuerzo	Cena
Smoothie tropical	Ensalada de quinoa antioxidante	Crema de frijoles negros

Pensamiento clave

Cuando realiza usted un ayuno solamente a base de agua, los mecanismos en su cerebro finalmente enviarán señales a su cuerpo de que tiene hambre aunque no la tenga. Por tanto, su cuerpo pasa a un estado de supervivencia para tratar de mantener todas las calorías que recibe.

Su receta diaria para la salud

El ayuno más estricto y más severo es el ayuno solamente a base de agua. En general, normalmente no recomiendo este tipo de ayuno, pero para ciertas enfermedades autoinmunes como el lupus y la artritis reumatoide, o para la arterioesclerosis grave, los beneficios del ayuno solamente a base de agua son poderosos en algunos individuos. Sin embargo, usted también puede experimentar beneficios similares para esas enfermedades con el ayuno a base de jugos; solamente lleva más tiempo. Para la mayoría de los individuos, el ayuno solamente a base de agua debilita tanto el cuerpo que trabajar toda la jornada a la vez que se ayuna no es posible. El ayuno a base de jugos proporciona la mayoría de los beneficios del ayuno solo a base de agua sin la incómoda debilidad y hambre que a menudo acompañan a un ayuno solamente a base de agua.

Su viaje espiritual diario

Entonces invocarás, y te oirá Jehová; clamarás, y dirá él: Heme aquí.

—Isaías **58:9**

El ayuno nos lleva a la presencia de Dios. Él nos revela más de sí mismo cuando nos humillamos y clamamos a Él. El ayuno permitió a Moisés entrar en tal profundidad en la presencia de Dios que la gloria misma de Dios descendió sobre él y brillaba ante todos los que le rodeaban.

La presencia de Dios trae el poder de Dios. El ayuno y acercarse a la presencia de Dios nos capacita para tocar el mundo que nos rodea con el amor y el poder de Dios. De hecho, fue con ayuno que los apóstoles en el primer siglo enviaron a sus misioneros a proclamar el mensaje de Cristo (ver Hechos 13:2–3). Ellos entendían que el ayuno es una herramienta para acceder al poder de Dios, la cual puede a su vez afectar a su cónyuge, sus hijos, sus familiares, su comunidad, y hasta al mundo. Escriba sobre las personas o situaciones que quiera usted influenciar con el poder de Dios mediante su ayuno.

_____

_____

_____

Señor, te doy gracias porque recibo poder cuando tu Espíritu Santo viene sobre mí mediante el ayuno. Al igual que Moisés fue cambiado al estar ante tu gloria, es mi oración que a medida que me acerco a ti y experimento tu presencia durante este tiempo de ayuno, sea cambiado y capacitado para ser un testigo antes otros de tu misericordia, bondad y amor. En el nombre de Jesús, amén.

Escriba sus pensamientos

Use el espacio siguiente para escribir su tiempo con Dios en oración hoy. ¿Siente su poder obrando en usted para ser un testigo o catalizador para el cambio en quienes lo rodean? Escriba sobre ello.

_____

_____

_____

_____

_____

_____

_____

_____

_____

_____

_____

_____

SUGERENCIAS DE COMIDAS

Desayuno	Almuerzo	Cena
Smoothie verde depurador	Ensalada de col crespo y vegetales	Crema de zanahoria y coco

PENSAMIENTO CLAVE

¿No es interesante que Dios pusiera hermosos colores—rojo, azul y púrpura—en diferentes frutas y verduras que proporcionan protección contra la mayoría de enfermedades y en realidad le hacen verse más joven?

SU RECETA DIARIA PARA LA SALUD

Los flavonoides son un grupo de potentes fitonutrientes. Se encuentran en los pigmentos rojos, púrpuras y azules de las plantas, en especial en las moras, los arándanos, las cerezas y las uvas. Los flavonoides pueden hacer que su piel se vea más joven, porque juegan un enorme papel en la formación y la reparación del colágeno. El colágeno es la principal proteína estructural en el cuerpo, y es también la proteína más abundante que se encuentra en su cuerpo. En realidad mantiene unidos las células y los tejidos de su cuerpo. El colágeno tiende a degenerar con la edad y a desaparecer lentamente, y por eso nuestra piel comienza a aflojarse a medida que envejecemos. Sin embargo, los flavonoides que se encuentran en las bayas, las cerezas y las uvas, y en otras frutas y verduras, ayudan a mantener la integridad del colágeno de nuestra piel y, por tanto, ayudan a evitar que el colágeno de la piel se degenere y desaparezca con la edad. Simplemente bebiendo jugo de bayas y uvas cada día puede obtener suficientes flavonoides para nutrir el colágeno de la piel y reducir la velocidad del proceso de envejecimiento.

SU VIAJE ESPIRITUAL DIARIO

Entonces nacerá tu luz como el alba.

—ISAÍAS 58:8

Cuando las personas ayunan llega una revelación y una sensibilidad más profunda a las cosas espirituales. Cuando Daniel ayunó durante veintiún días en Daniel 10, el ángel Gabriel llegó a él y le reveló el futuro. Cuando Cornelio ayunó en Hechos 10, Dios le dijo que enviara a buscar a Pedro, mientras que al mismo tiempo, cuando Pedro ayunaba, Dios le dio la visión de ir a los gentiles y predicar el evangelio.

A medida que usted ayune y ore, pida a Dios que le dé nueva revelación. Pídale que le revele su plan para sus familiares y amigos que no son salvos. Enumere sus nombres aquí, junto con cualquier cosa que sienta que Él le está revelando sobre ellos.

_____

_____

_____

Querido Señor, revélate a ti mismo a mí. Te pido un mayor entendimiento de quién eres tú y lo que estás haciendo en mi vida y en las vidas de quienes me rodean. Limpia mi corazón de las cosas que obstaculizan mis oraciones, y haz que me regocije por las cosas que llenan de gozo tu corazón. A medida que mi enfoque sea más claro, muéstrame una nueva revelación de las cosas que vendrán. En el nombre de Jesús, amén.

ESCRIBA SUS PENSAMIENTOS

Use el espacio siguiente para escribir cualquier revelación que sienta que Dios le está mostrando durante su tiempo de oración hoy.

_____

_____

_____

_____

_____

_____

_____

_____

_____

_____

_____

_____

_____

DÍA 18

LA DESINTOXICACIÓN DE DANIEL

SUGERENCIAS DE COMIDAS

Desayuno	Almuerzo	Cena
Smoothie rosado fortalecedor	Quinoa caliente con aderezo	Sopa caliente y agria al estilo Daniel

PENSAMIENTO CLAVE

¿Escucha usted a su cuerpo? ¿Comprende lo que este trata de decirle? ¿Cómo está respondiendo su cuerpo físico a mi programa de ayuno?

SU RECETA DIARIA PARA LA SALUD

Las principales causas de aumento de permeabilidad intestinal (aperturas o agujeros microscópicos en el intestino delgado causados por la inflamación) son las alergias a alimentos, sensibilidades a alimentos y muchas, muchas veces el uso de antibióticos. Las alergias comunes a alimentos incluyen alergias a los huevos, los productos lácteos, el maíz, la soja, la levadura, el trigo y otros granos como el centeno, la cebada y la avena. La principal proteína a la que las personas son sensibles en esos granos es el gluten, que se encuentra en los panes, las galletas saladas, la pasta, todo tipo de harinas (como la de centeno, cebada y avena), las salsas de carne, muchas sopas, pies y pasteles.

El aumento de permeabilidad intestinal normalmente está presente en las siguientes enfermedades: fatiga crónica, fibromialgia, migrañas, eczema, urticaria, soriasis, enfermedad de Crohn, colitis ulcerosa, enfermedad celíaca, artritis reumatoide, lupus, esquizofrenia, autismo y desorden de déficit de atención. Si sospecha que esto podría ser un problema para usted, este programa de desintoxicación del hígado y de ayuno debería beneficiarle. Si es usted sensible al gluten, elija otra forma de grano para su dieta diaria, como el pan de arroz integral, el pan de mijo, la quinua, kamut o amaranto. El trigo sarraceno tampoco tiene gluten, así que podrá comer tortitas de trigo sarraceno.

SU VIAJE ESPIRITUAL DIARIO

Entonces nacerá tu luz como el alba, y tu salvación se dejará ver pronto; e irá tu justicia delante de ti.

—ISAÍAS 58:8

Yo creo que el ayuno libera el poder de Dios en su vida. Hay muchos ejemplos registrados en la Escritura sobre la intervención sobrenatural de Dios en las vidas de individuos y en naciones cuando su pueblo se humilló mediante la oración y el ayuno.

Moisés ayunó por cuarenta días mientras esperaba en la presencia de Dios en el monte y recibió la ley de Dios para Israel. Daniel ayunó y oró por veintiún días por su nación, buscando que Dios cumpliera su promesa de liberarlos de la cautividad, lo cual se logró. La Iglesia primitiva "ministró al Señor y ayunó" (ver Hechos 13:1–3). El poder espiritual que se libera mediante el ayuno nos capacitará para tocar el mundo que nos rodea con el amor y el poder de Dios.

Describa una situación en su vida que necesite el poder de Dios.

_____

_____

_____

Hay también una promesa en la Escritura de una liberación del poder sanador de Dios mediante el ayuno, como vemos en nuestro versículo de Isaías 58. Este tipo de ayuno implica algo más que simplemente negarnos ciertos alimentos durante un tiempo; implica un cambio de actitud y también mostrar compasión a los necesitados. Liberar el poder de Dios en nuestras vidas a medida que sometemos los destructivos apetitos de la carne es un beneficio maravilloso del ayuno espiritual. Reclame el poder sanador de Dios para su vida o para la vida de alguien a quien conozca haciendo esta oración.

Querido Señor, creo que mi sanidad (o la sanidad de mi ser querido) brotará rápidamente a medida que mi cuerpo se recupera de cualquier enfermedad o accidente traumático. Al humillarme mediante el ayuno, entro en tu presencia y toco el borde de tu manto, y por tus llagas soy sanado. En el nombre de Jesús, amén.

Escriba sus pensamientos

Use el espacio siguiente para escribir cualquier cosa que sienta que Dios está poniendo en su corazón acerca de la sanidad hoy.

_____

_____

_____

_____

_____

_____

DÍA 19

LA DESINTOXICACIÓN DE DANIEL

SUGERENCIAS DE COMIDAS

Desayuno	Almuerzo	Cena
Smoothie de pepino depurador	Deliciosa ensalada desintoxicante	Sopa de lentejas con calabaza

PENSAMIENTO CLAVE

Cada elección en el estilo de vida que usted y yo hagamos nos conduce por un camino: hacia la paz y el gozo o hacia el estrés y la dificultad. Asegúrese de saber hacia dónde le están conduciendo sus elecciones.

SU RECETA DIARIA PARA LA SALUD

El extracto de leche de cardo, conocido como *silimarin*, es uno de los más potentes protectores del hígado contra el daño de los radicales libres; también protege al hígado de muchos y distintos productos químicos tóxicos, los cuales incluyen el venenoso champiñón amanita *phalloides*, que es realmente fatal en el cuarenta por ciento de las personas que lo ingieren.

La leche de cardo previene la reducción del potente antioxidante glutatión. Ya que pueden gastarse vastas cantidades de glutatión en el proceso de desintoxicación, puede conducir a la reducción de glutatión. La leche de cardo evitará esa reducción durante la desintoxicación. La leche de cardo en realidad puede elevar el nivel de glutatión en el hígado hasta un treinta y cinco por ciento.

La leche de cardo es el antioxidante más importante a tomar durante el programa de desintoxicación. La mejor forma de leche de cardo que he encontrado es un producto llamado *Silibin Fitosoma*. Recomiendo una píldora dos veces al día, o más si se desea (ver el Apéndice B).

SU VIAJE ESPIRITUAL DIARIO

¿No es más bien el ayuno que yo escogí, . . . y dejar ir libres a los quebrantados, y que rompáis todo yugo?

—ISAÍAS **58:6**

Las adicciones sexuales son algunas de las adicciones más difíciles de romper, pero el ayuno ayuda a romper el poder de las adicciones sexuales como la pornografía, la homosexualidad, la masturbación, la fornicación, el adulterio y la lujuria. Si usted o alguien a quien conoce están atados por alguna forma de adicción sexual, haga que ese sea el enfoque de su tiempo de oración hoy. Describa la situación en el espacio siguiente.

_____

_____

_____

Querido Señor, sé que tú puedes romper toda adicción y sanar toda relación rota para tu gloria. Padre, en este momento, clamo para que esas cosas que el enemigo trata de usar para tú las cambies y las uses para bien a medida que nos arrepentimos y consagramos nuestras vidas como santas para ti. Rompo el yugo de la adicción sexual sobre mí mismo y sobre mis seres queridos. Trae tu liberación, paz y sanidad sobre todos ellos. Que tu fidelidad opere donde la lujuria de la carne una vez abundó. En el nombre de Jesús, amén.

ESCRIBA SUS PENSAMIENTOS

Use el espacio siguiente para escribir sobre cualquier pensamiento que haya venido a su mente acerca de adicciones al haber pasado tiempo en oración hoy.

_____

_____

_____

_____

_____

_____

_____

_____

_____

_____

_____

_____

_____

_____

DÍA 20

LA DESINTOXICACIÓN DE DANIEL

SUGERENCIAS DE COMIDAS

Desayuno	Almuerzo	Cena
Smoothie picante de mango	Ensalada rápida de tres frijoles	Sopa de lentejas desintoxicante al estilo Daniel

PENSAMIENTO CLAVE

Si toma medicinas sin receta médica, piense en maneras más naturales de tratar sus diversas enfermedades médicas, como nutrientes, hierbas y homeopatía. Sin embargo, nunca debería abandonar la medicación que necesita sin consultar con su médico.

SU RECETA DIARIA PARA LA SALUD

Pocas personas piensan alguna vez que la salud de sus cuerpos está basada en un delicado equilibrio natural ácido y alcalino. Sin embargo, este equilibrio es esencial para la capacidad de su cuerpo de desintoxicarse con éxito. Cuando todo su cuerpo recibe la dieta estándar estadounidense, sus tejidos se vuelven más ácidos de lo que la naturaleza marca, desequilibrando ese delicado equilibrio. Si quisiera saber lo ácido que es su cuerpo, puede descubrirlo con facilidad sencillamente comprando algunas bandas de pH en la farmacia. Recoja la orina de la mañana y empape en ella una banda de pH, la cual le indicará el nivel de pH de su orina con un cambio de color. El pH urinario normalmente indica el pH de los tejidos. El cambio de color puede cotejarse con unos números. Se incluye una tarjeta en el papel de pH que relaciona el color con el número de pH. La mayoría de las personas tendrán un pH aproximadamente de un 5.0, lo cual significa que sus cuerpos son muy ácidos. Deberían estar entre 6.8 y 7.9. El acercarse a esos números no cuenta. Aunque cinco solamente es dos puntos menor que siete, un pH de 5.0 es en realidad cien veces más ácido que un pH de 7.0.

Un estómago sano tiene un pH entre 1.5 y 3.0 debido al ácido clorhídrico que es segregado por el estómago. El ácido clorhídrico es lo bastante fuerte para hacer un agujero en la alfombra o fundir el hierro de un clavo. Puede ver cómo este potente ácido forma la primera línea de defensa contra las bacterias, los parásitos, los gérmenes y otros microbios de nuestros alimentos.

SU VIAJE ESPIRITUAL DIARIO

Mas buscad primeramente el reino de Dios y su justicia, y todas estas cosas os serán añadidas.

—MATEO 6:33

Al igual que su cuerpo debe mantener un pH equilibrado, así usted debe encontrar un equilibrio también en su vida espiritual. El ayuno puede ayudar a obtener ese equilibrio; puede ayudarle a poner sus prioridades en el orden adecuado. Jesús sabía que las cosas más importantes en la vida no son las que tenemos, sino quiénes somos. Esa perspectiva trae equilibrio a nuestras vidas. ¿Qué áreas han estado desequilibradas para usted? ¿Ha estado tratando de controlar cosas que están fuera de su control? Describa las áreas desequilibradas que hay en su vida.

_____

_____

_____

La clave es poner a Cristo en su lugar adecuado de autoridad en su vida. Entonces todo lo demás se situará en su lugar. ¿Ha estado preocupado acerca de cosas que necesita entregar a Dios? Permítale que Él tome esas preocupaciones y las quite de sus hombros y restaure el equilibrio en su vida.

Oremos por ello:

Querido Señor, pongo tu reino en primer lugar en mi vida. Ayúdame a cumplir mi compromiso de servirte y ser la persona que tú me has llamado a ser. Tú eres mi mayor prioridad. Te doy gracias por este tiempo de ayuno que me permite volver a enfocar mis prioridades y fortalecer mi deseo de compartir tu amor. No me preocuparé por las cosas de este mundo, sino que mantendré mis ojos fijos en ti. En el nombre de Jesús, amén.

Escriba sus pensamientos

Use el espacio siguiente para escribir cualquier área desequilibrada de su vida que sienta que Dios le está mostrando durante su tiempo de oración hoy.

_____

_____

_____

_____

_____

_____

DÍA 21

LA DESINTOXICACIÓN DE DANIEL

SUGERENCIAS DE COMIDAS

Desayuno	Almuerzo	Cena
Smoothie "rojolicioso"	Pad Thai desintoxicante al estilo Daniel	Sopa de frijoles con vegetales

PENSAMIENTO CLAVE

Su increíble cuerpo no solo está diseñado para desintoxicarse a sí mismo, sino también para sanarse a sí mismo. Y al igual que usted puede jugar un papel importante en la ayuda y apoyo de la propia capacidad de su cuerpo para desintoxicarse a sí mismo, también puede hacer lo mismo con la sanidad.

SU RECETA DIARIA PARA LA SALUD

A medida que se prepara para el ayuno a base de jugos que constituye nuestros últimos siete días, es importante entender que los nutrientes más importantes en las frutas y los jugos son los fitonutrientes. Los fitonutrientes son simplemente nutrientes derivados de las plantas que contienen potentes antioxidantes y proporcionan a las frutas y las verduras sus brillantes colores. Esos potentes nutrientes previenen la mayoría de tumores y el cáncer, disminuyen el colesterol, aumentan la función inmune, luchan contra los virus, estimulan las enzimas de la desintoxicación, previenen el aumento de placa (que nos protege contra las enfermedades coronarias), y bloquean la producción de componentes causantes de cáncer.

Muchos de esos fitonutrientes se encuentran en los pigmentos de las frutas y verduras, como la clorofila de las verduras verdes, los carotenos o carotinoides en las frutas y verduras naranjas, y los flavonoides púrpura en las bayas. Uno de cada tres estadounidenses en algún momento desarrollará cáncer a lo largo de su vida.[7] Consumir la cantidad adecuada de frutas y verduras cada día o en forma de jugos es una de las mejores maneras de proteger su cuerpo del cáncer y las enfermedades de corazón.

SU VIAJE ESPIRITUAL DIARIO

Cuando él entró en casa, sus discípulos le preguntaron aparte: ¿Por qué nosotros no pudimos echarle fuera? Y les dijo: Este género con nada puede salir, sino con oración y ayuno.

—MARCOS 9:28–29

Lo sepa o no, está usted en una batalla espiritual entre el cielo y el infierno todos los días. Esté dispuesto a negar sus deseos físicos y con humildad buscar el rostro de

Dios durante este tiempo de oración. La oración sincera y humilde le dará una nueva fortaleza y le capacitará para derrotar al enemigo y todas sus fortalezas demoníacas que trabajan para obstaculizar su caminar cristiano. Dios ganará la batalla por usted a medida que usted se humilla en ayuno y oración.

Hay algunos tipos de actividad demoníaca que no pueden ser rotos sin ayuno, como vemos en el pasaje de hoy. Si hay algún área en su vida donde la guerra espiritual haya sido demasiado grande, ahora es el momento de tomar autoridad en el nombre de Jesús. Con el poder espiritual añadido del ayuno, será usted capaz de romper la opresión demoníaca y liberar a los cautivos. ¿Hay batallas espirituales que necesite ganar en su vida? Enumérelas, y comprométase a hacer de ellas un tema de oración durante los días que quedan del ayuno.

_____

_____

_____

Querido Señor, sé que mis armas no son carnales sino poderosas mediante tu poder. En la autoridad de Jesús, puedo derribar fortalezas y experimentar victoria sobre el mal. Oro por sabiduría a medida que busco hacer guerra espiritual para que haya victorias en mi vida y en las vidas de mis seres queridos. Te doy gracias por darme la victoria. En el nombre de Jesús, amén.

ESCRIBA SUS PENSAMIENTOS

Use el siguiente espacio para escribir lo que Dios esté poniendo en su corazón durante su tiempo de oración hoy.

_____

_____

_____

_____

_____

_____

_____

Capítulo 8

BENEFICIO ADICIONAL DE SIETE DÍAS DE AYUNO MEDIANTE JUGOS PARA UNA MAYOR DESINTOXICACIÓN (OPCIONAL)

Así que, amados, puesto que tenemos tales promesas,
limpiémonos de toda contaminación de carne y de espíritu,
perfeccionando la santidad en el temor de Dios.

—2 Corintios 7:1

STED VA TAMBALEÁNDOSE hasta la cocina medio dormido, arrastrando el cordón de su bata tras de usted como si fuera una larga cola. Al estar demasiado atontado para poder hablar, saca su exprimidor de un armario bajo, lo pone en la encimera y agarra las manzanas, zanahorias y otras frutas y verduras que están apiladas en un bol gigante.

Con el agua del grifo saliendo, limpia y trocea los coloridos ingredientes de su primer día de menú rápido de su ayuno con jugos. En minutos, su exprimidor da vueltas y extrae los elementos de su nuevo estilo de vida, más sano y desintoxicante.

Está hecho. Lentamente y con cuidado acerca el vidrio a sus labios, preguntándose si será capaz de beberse esa mezcla que acaba de preparar; pero al tocarla con su lengua, se sorprende. Es más que deliciosa: es deleitosa y refrescante. Usted había estado dispuesto a chirriar sus dientes y soportar este programa con jugos porque estaba convencido de sus beneficios para su salud, ¡pero nunca soñó que lo disfrutaría tanto!

Un ayuno a base de jugos es un tiempo de limpieza más intenso tanto física como espiritualmente. Le ofrece la oportunidad de reiniciar sus deseos y apetitos carnales. A medida que continúe en esta fase adicional, desea cuenta de que estará reajustando sus gustos de apreciar las cosas que son saludables y edificándose de adentro hacia afuera.

Muchas veces nuestras luchas por vivir un estilo de vida saludable pueden remontarse a raíces espirituales. Participar en este ayuno a base de jugos por siete días le ayudará a revelar esas fortalezas para que pueda destruirlas con el poder del Espíritu de Dios. Este ayuno adicional aumentará su resistencia para asimilar los comportamientos que conducen a la vida y la salud.

Incluso sin la semana extra del ayuno a base de jugos, sinceramente creo que usted encontrará este programa de ayuno más disfrutable, fácil y más gratificante de lo que había esperado. No solamente eso, sino que cuando haya terminado, su energía renovada y su vitalidad le sorprenderán.

Si usted decide agregar la semana de ayuno de jugo a este programa de desintoxicación, esto es lo que necesita saber.

ANTES DE AYUNAR

Antes de comenzar la parte del ayuno a base de jugos de este programa, debería haber estado siguiendo la dieta de veintiún días para apoyar su hígado. Si ha terminado la dieta de apoyo al hígado, está preparado para añadir el ayuno a base de jugos. Por tanto, comencemos. Los siguientes son algunos puntos:

- Al comenzar, ya debería haber aumentado su ingesta de agua pura (no del grifo) hasta dos litros diarios. Continúe bebiendo al menos dos litros al día de agua pura a lo largo de la duración de su ayuno.

- Durante el ayuno no recomiendo consumir vitaminas. Debería usted haber tomado cierto número de vitaminas y minerales durante las tres semanas de su dieta de apoyo al hígado. Debe dejar de tomar todos esos suplementos hasta que termine su periodo de ayuno. Después de completar los veintiocho días del programa de ayuno, necesitará volver a tomar un complejo vitamínico diariamente como parte de su nuevo estilo de vida sano.

COMENCEMOS

Para comenzar con su ayuno a base de jugos, querrá comprar muchas verduras y frutas frescas orgánicamente cultivadas. Los productos orgánicos son mejores porque se cultivan sin pesticidas ni herbicidas. Si usted no cree que es un problema el evitar los pesticidas, probablemente no esté al tanto de que los granjeros tienen libertad para utilizar unos cuatrocientos pesticidas diferentes en las cosechas. Cada año en los Estados Unidos se rocían un millón de toneladas de pesticidas y herbicidas sobre los alimentos que comemos.[1]

Un estudio de datos recogidos por el gobierno descubrió residuos de pesticidas en casi el 75% de la producción que se cultiva convencionalmente, pero se descubrieron residuos solo en un 23% de las frutas y verduras orgánicas.[2] Por tanto, puede usted ver que aunque comprar alimentos orgánicos no significa que estén totalmente libres de pesticidas, si que reducirá en gran medida el porcentaje de residuos de pesticidas que usted ingiere.

Ya que está usted ayunando para eliminar esos productos químicos, es importante reducir mucho su ingesta de esos productos químicos durante su ayuno. Los productos orgánicos pueden encontrarse en muchos de los grandes almacenes alimentarios más grandes y aun hasta en tiendas de dietética que son tan grandes como supermercados. Ellos tienen una amplia variedad de frutas y verduras orgánicas a un precio competitivo.

Además, muchos de los supermercados más grandes están comenzando a tener productos orgánicos a medida que el público los demanda. Nuestras voces se escucharán si continuamos pidiendo al supermercado que tenga productos orgánicos.

¿Y SI NO PUEDO UTILIZAR PRODUCTOS ORGÁNICOS?

Los productos orgánicos tienden a ser más caros, y pueden ser difíciles de encontrar. Si no siempre puede utilizarlos, entonces debe tener un cuidado especial a la hora de lavar sus frutas y verduras para quitar las ceras y productos químicos. Las siguientes son algunas reglas a recordar cuando compre frutas y verduras no orgánicas.

- *Busque las cortezas más gruesas.* Bananas, naranjas, mandarinas, limones, pomelos y sandías son frutas excelentes, ya que tienen una piel más gruesa y, por tanto, pocos pesticidas se han filtrado a la pulpa.

- *Cuidado con las cortezas finas.* Si su producto tiene una corteza fina, como las manzanas, peras, melocotones y nectarinas, el pesticida normalmente se habrá filtrado a la pulpa. Basados en un análisis de más de cien mil resultados de pruebas de pesticidas del gobierno de EE. UU., los investigadores en el grupo de trabajo medioambiental

(EWG por sus siglas en inglés) llegaron a la conclusión de que entre las frutas, las nectarinas tenían el mayor porcentaje de resultados positivos en cuanto a residuos de pesticidas.[3] Puede usted reducir el residuo en la superficie pelando la fruta antes de consumirla, pero pueden perderse los nutrientes y la fibra al hacerlo; por tanto, recomiendo encarecidamente que compre productos orgánicos cuando tengan una piel fina.

- *Comprar producción nacional.* Si no puede comprar productos orgánicos, puede aún reducir la cantidad de pesticidas comprando productos nacionales. En el caso de los Estados Unidos, la producción que se cultiva es generalmente más segura que la producción importada de otros países. Pesticidas que han sido prohibidos en los Estados Unidos con frecuencia se exportan a otros países como México. Muchas veces, las frutas y las verduras que se cultivan en esos países son rociadas con los pesticidas prohibidos y después se exportan a los Estados Unidos.[4]

Escoja un exprimidor

Hay muchos tipos distintos de exprimidores, y algunos son muy caros. Puede comenzar con un exprimidor económico como el exprimidor Juice Man Junior. El exprimidor Champion es muy bueno, y normalmente durará décadas. El VitaMix es un tipo distinto de exprimidor que se parece más a una licuadora grande; es capaz de exprimir por completo y licuar toda la fruta o verdura. Tiene el beneficio añadido de proporcionar la fibra además de las vitaminas, minerales, antioxidantes, encimas y fitonutrientes. Sin embargo, es más caro. Yo personalmente tengo los tres tipos de exprimidores.

Pautas para su ayuno con jugos

1. Si decide realizar un ayuno con jugos aparte del ayuno parcial de veintiún días bosquejado en este libro, querrá prepararse comiendo solo frutas y verduras el día antes de comenzar su ayuno con jugos.

2. Recomiendo encarecidamente que comience su ayuno con jugos el fin de semana. Al hacerlo, será capaz de pasar más tiempo descansando. Si experimenta cualquier efecto secundario como fatiga, mareos o dolor de cabeza, probablemente no interferirán con su trabajo (ya que es fin de semana).

3. Es muy importante que exprima frutas y verduras frescas (preferiblemente orgánicas). Los jugos preparados sencillamente no son lo mismo. El jugo recién exprimido contiene las enzimas vivas, los fitonutrientes, los antioxidantes, las vitaminas y los minerales. Los jugos embotellados, enlatados y procesados han sido pasteurizados, y muchos de los fitonutrientes y encimas han sido perdidos en el proceso.

4. No beba alcohol ni refrescos. Durante su ayuno, beba solamente jugos y tés de hierbas; también puede dar sorbos de jugo vegetal ligeramente templado o de sopa de verduras (evite el microondas, ya que destruye la mayoría de fitonutrientes, antioxidantes y encimas). Las buenas

infusiones incluyen tés orgánicos negros, verdes y de hierbas. Beba también mucha agua pura, unos dos litros diarios.

5. Al beber sus jugos especialmente preparados, hágalo lentamente para mezclar el jugo con la saliva. No se los beba de un trago.

6. Pele las naranjas y los pomelos, pero asegúrese de dejar la parte blanca de la piel, pues es la parte que contiene los importantes bioflavonoides. Deje las pieles en todas los demás frutas y verduras orgánicas. Quite la parte verde superior de las zanahorias, ya que pueden contener una sustancia tóxica. Corte las frutas y verduras de modo que encajen bien en su exprimidor.

7. Beba los jugos inmediatamente después de exprimirlos, y no los almacene. En cuanto una fruta o verdura se corta, comienza a perder valor nutritivo.

8. Si no tiene tiempo para exprimir frutas y verduras, simplemente tome uno de los polvos de fitonutrientes enumerados en el Apéndice B. Esos polvos contienen frutas y verduras orgánicas. La preparación es fácil: sencillamente mézclelos con agua y agítelos en una coctelera o taza de viajes. En otras palabras, usted puede preparar su comida exprimida en veinte segundos o menos. Recuerde beber lentamente.

9. Vierta su jugo del exprimidor a la licuadora y añada hielo partido para crear deliciosos batidos y granizados de cualquier receta de jugos.

10. Si su exprimidor aparta la fibra (pulpa) de sus frutas y verduras, lo cual hacen la mayoría de exprimidores, añada de 1 a 2 cucharadas de fibra al jugo antes de beberlo. La fibra ayuda a regular su azúcar en sangre, disminuye el colesterol, previene los cálculos biliares y atrapa las toxinas.

LAS MEJORES FRUTAS Y VERDURAS A ESCOGER

Cuando esté exprimiendo, tenga en mente que algunas frutas y verduras proporcionan más beneficios para la salud que otras. Las frutas y verduras que son especialmente limpiadoras en la dieta con jugos incluyen:

- Col y otras verduras de hoja verde
- Verduras
- Raíz y hojas de diente de león
- Semillas
- Apio
- Zanahorias
- Limones y limas
- Manzanas
- Remolachas
- Bayas (arándanos, moras y fresas)

Para una desintoxicación óptima, beba un jugo al día que contenga verduras de hoja verde como la col, brócoli o remolachas. Los fitonutrientes que hay en esas verduras desintoxican su cuerpo ayudando a limpiar su hígado y mejorando el flujo de bilis. Puede que también quiera incluir hojas de diente de león o raíz de diente de león para apoyar su hígado en sus esfuerzos de desintoxicación durante el ayuno.

Principios básicos del ayuno con jugos

En las siguientes páginas encontrará numerosas y deliciosas combinaciones de jugos. Sin embargo, son simplemente pautas para ayudarle a encontrar sus favoritos. ¡Sea creativo! Haga sus propias combinaciones y experimente con los jugos. Cuando cree sus propios jugos, hay cuatro frutas y verduras principales que deberían formar normalmente la base de cada jugo, las cuales incluyen: zanahorias, apio, manzanas y tomates. Una de ellas, o una combinación de ellas, debería constituir la parte mayor de su jugo. Descubrirá que saben bien y que combinan bien con otras frutas y verduras. Además, son capaces de disfrazar el sabor de otras verduras que puede que no le gusten.

Cuando añade verduras orgánicas, como la col rizada, las espinacas, el brócoli, el perejil o el diente de león, no deberían constituir más de una cuarta parte del jugo. Si utiliza más, puede que no le guste el sabor. Las recetas debieran proporcionar de 23 a 35 centilitros de jugo, pero dependiendo del tamaño de sus frutas y verduras, podría salir una mayor cantidad.

Respuestas físicas al programa de ayuno

Puede que su cuerpo experimente algunos cambios interesantes mientras ayuna; por tanto, es importante estar conscientes de ellos antes de comenzar. No todas las personas experimentarán todas estas respuestas físicas, pero en caso de que le suceda, no tiene por qué alarmarse; simplemente tome las precauciones necesarias si se producen. Por ejemplo, puede usted experimentar.

- Mareos. Esta es una respuesta física común al ayuno. Para evitar esa incómoda sensación, no se ponga en pie con rapidez cuando está tumbado o sentado. Si se producen mareos, túmbese unos momentos y eleve sus pies poniéndolos sobre unas almohadas.

- Manos y pies fríos. Es común experimentar una disminución de la temperatura corporal durante un ayuno. El resultado con frecuencia puede ser manos y pies fríos. Sugiero que simplemente utilice una manta extra en la noche y lleve más ropa para que le dé calidez.

- Cambios de energía. Mientras que algunas personas se fatigan durante un ayuno, otras en realidad se sienten con más energía. Cualquiera de los extremos no debiera alarmarle. Puede que inicialmente se sienta fatigado pero que obtenga nuevos niveles de energía a medida que su cuerpo comience a desintoxicarse.

- Un cambio en los hábitos de sueño. Su cuerpo puede que no necesite tanto tiempo de sueño como el que está acostumbrado a necesitar. No deje que este fenómeno le alarme. Tiene que planificar descansar mucho durante un ayuno, tomando una siesta de aproximadamente una hora en la tarde, si es posible. Recomiendo que limite el ejercicio intenso durante el ayuno, dando paseos relajados en un parque u otras actividades lentas y relajantes.

- Lengua saburral. Un síntoma muy común durante el ayuno es el desarrollo de una película blanca o amarilla en su lengua. Esta cubierta de la lengua señala una desintoxicación de su cuerpo.

- Mal aliento. A medida que las toxinas siguen siendo eliminadas de su cuerpo, puede que su aliento adopte un olor desagradable. Sugiero que tenga a mano un cepillo de dientes y que se cepille los dientes y la lengua con frecuencia con pasta de dientes orgánica, como la marca Tom's of Maine®.

- Estreñimiento. Especialmente durante ayunos más largos, el estreñimiento puede convertirse en un problema. Para ayudar a prevenir este problema, recomiendo añadir una o dos cucharaditas de fibra a cada jugo. También las infusiones de hierbas pueden ayudar a prevenir el estreñimiento, al igual que el uso de fitonutriente en polvo con agua o añadido a uno de los jugos diarios que consuma (ver Apéndice B).

- Erupciones cutáneas. Las toxinas eliminadas mediante el ayuno pueden dar como resultado erupciones, como furúnculos, sarpullidos o acné, a medida que el cuerpo se desintoxica utilizando el órgano excretor más grande: la piel.

- Olor corporal. A medida que el veneno sale del cuerpo por medio de las glándulas sudoríparas, algunos individuos desarrollarán un mal olor corporal. Los baños templados ayudan a la piel y las glándulas a librarse de esas toxinas. La sauna y la terapia con sauna de infrarrojos también son efectivas (ver Apéndice B).

• Orina más oscura de lo normal. Esto indica una o dos cosas: o bien está eliminando grandes cantidades de toxinas por medio de la orina, o bien no está consumiendo los líquidos adecuados. En cualquiera de los casos, necesita aumentar su ingesta de fluidos.

• Drenaje de mucus. Puede experimentar drenaje de mucus de sus senos frontales, tubos bronquiales o sistema digestivo. No se alarme. Una vez más, estos síntomas simplemente indican que su cuerpo está utilizando este sistema también para librarse de muchas de las toxinas que ha estado almacenando.

• Náuseas y vómitos. Si llega a deshidratarse ligeramente, puede que experimente náuseas y vómitos. Asegúrese de tomar suficientes fluidos durante su ayuno, en especial el agua pura que es tan importante para limpiar su cuerpo. Por favor, no consuma agua del grifo.

Precauciones especiales para problemas de salud especiales

Si su estado de salud es menor que el deseable en el presente, puede cosechar grandes beneficios del ayuno; sin embargo, también debería tomar precauciones especiales para abordar sus problemas de salud antes de pensar en un ayuno. Los siguientes problemas de salud requieren atención para asegurarse de que el ayuno sea beneficioso y no dañino.

Candidiasis, alergias a alimentos, parásitos

Si experimenta síntomas de hinchazón excesiva, gases y diarrea, puede que esté sufriendo de candidiasis, sobrepoblación de bacterias en el intestino delgado o hasta de una infección parasitaria. Esos síntomas también podrían señalar una mala absorción, mala digestión, aumento de permeabilidad intestinal, alergias a alimentos, o sensibilidades a alimentos. Si tiene usted cualquiera de esos síntomas, recomiendo encarecidamente que se haga realizar un análisis digestivo completo con parasitología, una prueba para la permeabilidad intestinal y una prueba de alergias a alimentos antes de decidir ayunar. Además, recomiendo que lea mi libro titulado *The Bible Cure for Candida and Yeast Infections* y siga la dieta especial que contiene para tres meses anteriores al ayuno.

Hipoglucemia

Si sufre de hipoglucemia, puede que necesite mantener un nivel constante de azúcar en sangre bebiendo jugos cada dos o tres horas mientras ayuna, en lugar de hacerlo solo cuatro o cinco veces al día. Recomiendo que añada una o dos cucharadas de la pulpa o de fibra a cada jugo que consuma.

Sensibilidades del sistema digestivo

Algunos que sufren de síntomas de sensibilidad del sistema digestivo, como dolor, hinchazón, gases o diarrea después de beber ciertos tipos de jugo, simplemente necesitan omitir esa fruta o verdura e intentarlo con otra. Mediante un proceso de eliminación, podrá identificar la fruta o verdura a la cual su aparato digestivo es sensible y entonces evitar usarla en su ayuno. También, algunos pacientes con aparatos digestivos sensibles muestran menos síntomas cuando separan jugos de verduras y de frutas en lugar de beberlos en combinación.

COMIENZO DE SU PROGRAMA DE AYUNO CON JUGOS

Si está preparado, las siguientes páginas le dirigirán día a día en su ayuno de siete días con jugos, con recetas y espacio para escribir sobre su experiencia. Estoy convencido de que estará usted tan satisfecho con la mejora de su salud que produce el ayuno con jugos, que querrá hacer del ayuno con jugos una parte regular de su nuevo estilo de vida.

EL PLAN DE AYUNO OPCIONAL A BASE DE JUGOS Y EL DIARIO DE ORACIÓN

DÍAS 22–28

DÍA 22

LA DESINTOXICACIÓN DE DANIEL

SUGERENCIAS PARA COMIDAS A BASE DE JUGOS

Desayuno	Aperitivo	Almuerzo	Cena
½ limón o lima pequeño, pelado 1 taza de bayas 3 naranjas peladas 1 cucharón de fitonutriente en polvo (opcional; ver Apéndice B)	2 tallos de apio 2 manzanas con corazón y semillas 2 zanahorias	1 remolacha 2 zanahorias 2 tallos de apio ½ batata cruda	4 tomates medianos 2 tallos de apio ½ pepino Un puñado de frijoles o semillas de brócoli 1 diente de ajo (opcional)

PENSAMIENTO CLAVE

El antiguo padre de la medicina, Hipócrates, dijo: "La naturaleza se opone a todo en exceso". Muchos años como médico me han convencido de que tenía razón.

SU RECETA DIARIA PARA LA SALUD

Nuestro país sufre una epidemia de enfermedades degenerativas y de muerte causada por el exceso: simple y sencillo. Hemos comido demasiada azúcar, demasiada grasa, demasiada carne, demasiadas calorías vacías, y demasiados alimentos procesados y desvitalizados.

La desintoxicación mediante el ayuno puede dar un giro a su vida y a su salud. Es un sistema natural y bíblico de apoyar y limpiar el cuerpo de productos químicos, grasas y otras toxinas acumuladas. El ayuno periódico le permitirá eliminar el peso físico y neurológico de toxinas y vivir libre de él.

La fase de ayuno con jugos del programa de ayuno de veintiocho días puede que sea la más difícil de completar, pero puede ofrecerle los mayores beneficios. Encuentre un versículo bíblico que utilizará para alentarlo e inspirarlo durante esta importante fase. Escríbalo en las siguientes líneas:

_____

_____

_____

SU VIAJE ESPIRITUAL DIARIO

Y Ester dijo que respondiesen a Mardoqueo: Ve y reúne a todos los judíos que se hallan en Susa, y ayunad por mí, y no comáis ni bebáis en tres días, noche y día;

yo también con mis doncellas ayunaré igualmente, y entonces entraré a ver al rey,
aunque no sea conforme a la ley; y si perezco, que perezca.

—ESTER 4:15–16

La reina Ester entendía el valor del ayuno a fin de recibir la protección de Dios y su favor en situaciones difíciles. Enfrentándose a un gran peligro para su pueblo y para ella misma, la reina Ester proclamó un ayuno (ver Ester 4). Los tres días de ayuno colectivo convocado por Ester cambió la situación por completo en una poderosa muestra de favor y poder sobrenatural. Amán, que había tramado aniquilar a los judíos, fue descubierto y colgado en la misma horca que había construido para colgar al primo de Ester, Mardoqueo.

El ayuno le proporcionará protección, liberación y favor divino, y revela el poder del ayuno para mover la mano de Dios con poder y cambiar los corazones de los hombres. ¿En qué circunstancias necesita la ayuda de Dios?

❏ Protección y liberación de violencia doméstica

❏ Seguridad de daño físico

❏ Protección de su hogar, sus finanzas y su negocio

❏ Por seguridad y protección de sus hijos en la escuela, en la guardería o en cualquier otro lugar público

Declaremos la protección de Dios y paz mental. Puede hacer esta oración u otra similar con sus propias palabras.

Querido Señor, tu Palabra promete guardarme en perfecta paz cuando mi mente permanece en ti. Reclamo esta paz para mi vida hoy y confío en ti para que guardes y protejas mi vida y la de mis familiares. En el nombre de Jesús, amén.

ESCRIBA SUS PENSAMIENTOS

Use el espacio siguiente para escribir lo que Dios esté poniendo en su corazón durante su tiempo de oración hoy.

_____

_____

_____

_____

_____

DÍA 23

LA DESINTOXICACIÓN DE DANIEL

SUGERENCIAS PARA COMIDAS A BASE DE JUGOS

Desayuno	Aperitivo	Almuerzo	Cena
1 pomelo rosado pelado	Corte sandía en secciones y quite las semillas. Exprima suficiente cantidad para obtener unos 30 centilitros de jugo.	½ col	2 zanahorias
½ limón o lima pelado		Un puñado de hojas de col rizada	1 remolacha
1 manzana con corazón y semillas		2 zanahorias	½ Pepino
1 cucharón de fitonutriente en polvo (opcional; ver Apéndice B)		1 manzana sin corazón ni semillas	2 tallos de apio

PENSAMIENTO CLAVE

Utilizar los tipos adecuados de jugos frescos aumenta los beneficios de sanidad del ayuno.

SU RECETA DIARIA PARA LA SALUD

Ya que es muy fácil para el cuerpo asimilar los jugos recién exprimidos, estos le dan a su aparato digestivo la oportunidad de descansar y recuperarse. El ayuno con jugos también crea un ambiente alcalino para las células y tejidos de su cuerpo a fin de que puedan liberar productos de desecho por medio de los varios canales de eliminación de su cuerpo. Los principales canales de eliminación del cuerpo incluyen los riñones y el aparato urinario, el colon, los pulmones y la piel. El ayuno permite a su hígado ponerse al día con su limpieza y desintoxicación internas. Al mismo tiempo, los órganos digestivos, incluyendo el estómago, el páncreas, los intestinos y la vesícula, obtienen un muy merecido descanso.

Incluso la sangre y el sistema linfático pueden limpiarse eficazmente de acumulación tóxica por medio del ayuno. Durante el ayuno, nuestras células, tejidos y órganos pueden comenzar a soltar los productos de desecho acumulados del metabolismo celular al igual que productos químicos y otras toxinas. Esto ayuda a sus células a sanar, a repararse y a fortalecerse. Usted tiene alrededor de setenta a cien trillones de células en su cuerpo, y cada una de ellas toma nutrientes y produce productos de desecho. El ayuno permite a cada célula soltar sus productos de desecho y así ser capaces de funcionar con la máxima eficacia.

Los tejidos adiposos liberan productos químicos y toxinas durante el ayuno, los cuales, a su vez, son descompuestos por el hígado, excretados por los riñones y mediante la bilis. Su cuerpo excretará toxinas de muchas maneras distintas durante el ayuno. Algunas personas realmente desarrollan furúnculos, erupciones u olor corporal durante el ayuno, ya que se están liberando toxinas por medio del órgano excretor más grande del cuerpo: la piel.

SU VIAJE ESPIRITUAL DIARIO

Jehová te pastoreará siempre.

—ISAÍAS 58:11

Para comprender todos los beneficios del ayuno, debe usted ser dirigido por el Espíritu durante este tiempo especial. Pase algún tiempo leyendo acerca del ayuno y acerca del Espíritu de Dios en la Biblia. Comience con Lucas 4, que explica cómo Jesús fue guiado por el Espíritu al desierto durante cuarenta días. Cuando Él regresó de su ayuno, lo hizo lleno de poder y lleno del Espíritu.

Debería usted ayunar cuando una necesidad o una situación en la vida lo requieran. Si tiene gran necesidad de oír del Señor, el Espíritu normalmente le guiará a ayunar. Escriba una oración de gratitud a Dios por dirigirlo a ayunar.

_____

_____

_____

Diga su oración en voz alta y repítala a medida que Él responda trayendo el consuelo y la guía que usted necesita.

ESCRIBA SUS PENSAMIENTOS

Use el espacio siguiente para escribir cualquier respuesta a la oración o dirección que sienta que el Señor le esté dando.

_____

_____

_____

_____

_____

_____

_____

DÍA 24

LA DESINTOXICACIÓN DE DANIEL

SUGERENCIAS PARA COMIDAS A BASE DE JUGOS

Desayuno	Aperitivo	Almuerzo	Cena
Un puñado de perejil	3 rajas gruesas de	Un puñado de	3 zanahorias
2 manzanas sin	piña con piel	perejil	Un puñado de
corazón ni semillas	¼ de pulgada de	1 tomate	hojas de espinaca o
1 cucharón de	raíz de jengibre	2 tallos de apio	remolacha
fitonutriente en	Un puñado de	1 diente de ajo	1 diente de ajo
polvo (opcional; ver	perejil	(opcional)	Un puñado de perejil
Apéndice B)			

PENSAMIENTO CLAVE

Está en su poder proporcionar a su increíble hígado y aparato digestivo la suficiente ayuda para que puedan funcionar una vez más con la máxima eficacia.

SU RECETA DIARIA PARA LA SALUD

Un sencillo ayuno con jugos llamado "ayuno con limonada" o "limpieza maestra" ha estado circulando durante bastante tiempo, y miles de personas se han beneficiado de este potente ayuno que ayuda a la capacidad natural de su cuerpo de desintoxicarse, evitando que se vea sobrecargado de toxinas medioambientales y alimentarias. Use la siguiente receta para su "limpieza maestra"[5]

> 2 cucharadas llenas de jugo de limón o lima recién exprimido
> 1 cucharadas llenas de sirope de maple 100% puro (se compra en tiendas de dietética)
> Una pizca de pimienta de cayena
> 24 cl. de agua pura
> Stevia líquido para dar sabor
>
> Mezclar y beber de ocho a diez vasos al día. Para más información, refiérase a mi libro *Libérese de las toxinas*.

SU VIAJE ESPIRITUAL DIARIO

¿No es que partas tu pan con el hambriento, y a los pobres errantes albergues en casa...? Jehová te pastoreará siempre, y en las sequías saciará tu alma, y dará vigor a tus huesos.

—ISAÍAS 58:7, 11

Para algunos puede ser una conmoción, pero al igual que el ayuno rompe la tenaza de las toxinas y trae la bendición de la salud a su cuerpo, creo que el ayuno rompe la pobreza y libera las bendiciones de la prosperidad en su vida. Si planta usted una semilla ofrendando mientras ayuna, yo creo que con rapidez recibirá una importante bendición. Ahora bien, eso no significa necesariamente que se hará usted rico, sino que el poder de Dios puede romper el círculo de la pobreza que trata de evitar que usted ofrende para la obra de Dios y ayude a otros en su momento de necesidad. En la cita de Isaías 58, el capítulo del ayuno, vemos que Dios promete satisfacernos en tiempos de sequía. Quizá las circunstancias en su vida en este momento estén creando una sequía financiera. Dios puede proporcionarle lo que necesita a fin de que usted, a su vez, pueda ser una bendición para otra persona. Describa una situación financiera que quiera ver que Dios cambie para usted o para alguien a quien conoce durante este tiempo de ayuno.

_____

_____

_____

Querido Señor, creo que tu Palabra se aplica a mi vida, y clamo por mi situación financiera. Creo que al humillarme delante de ti con el ayuno y al obedecer tu Palabra dando mis diezmos y ofrendas, tú honrarás mi obediencia con una bendición al treinta, sesenta y hasta ciento por uno. Te doy gracias de antemano por la bendición y la provisión que vas a traer a mi vida. En el nombre de Jesús, amén.

Escriba sus pensamientos

Use el espacio siguiente para escribir lo que sienta que el Señor está poniendo en su corazón cuando ora hoy.

_____

_____

_____

_____

_____

_____

_____

LA DESINTOXICACIÓN DE DANIEL DÍA 25

SUGERENCIAS PARA COMIDAS A BASE DE JUGOS

Desayuno	Aperitivo	Almuerzo	Cena
2 tallos de apio	1 pepino grande	3 tomates grandes	1 remolacha
2 manzanas sin	3 tallos de apio	½ manojo de	pequeña (pelada)
corazón ni semillas	2 zanahorias	cilantro	3 zanahorias
2 zanahorias	grandes	1 jalapeño fresco	grandes
1 cucharón de	1 pimiento	1 pimiento rojo dulce	½ manojo de perejil
fitonutriente en	¼ de col verde	2 tallos de apio	2 tallos de apio
polvo (opcional; ver	½ manojo de perejil	½ cebolla dulce	¼ de col
Apéndice B)			1 manzana

PENSAMIENTO CLAVE

El poder de una mejor salud mediante la desintoxicación es suyo. Persiga su propia buena salud con agresividad cuidando su dieta y su estilo de vida. Su salud futura está en sus manos.

SU RECETA DIARIA PARA LA SALUD

El sensato y médicamente sano método del ayuno con jugos puede muy rápidamente permitirle eliminar cualquier grasa extra tóxica que su cuerpo pueda tener, aun si tiene usted mucho sobrepeso. Además, puede evitar la trampa del ayuno solo con agua, de la cual muchas personas ni siquiera son conscientes. ¿Cuál es la trampa? ¡El ayuno solo con agua puede en realidad hacer que gane importantes cantidades de peso al terminarlo! Esa es una de las razones por qué el ayuno, con un programa de jugos específicamente preparados, es mucho más sensato. Y no sólo eso, sino que también es mucho más fácil seguir un ayuno con jugos específicamente preparados porque su cuerpo no anhelará nutrición del mismo modo que lo hace durante un ayuno solo con agua.

SU VIAJE ESPIRITUAL DIARIO

Pero yo, cuando ellos enfermaron, me vestí de cilicio; afligí con ayuno mi alma.

—SALMO 35:13

¿Qué significa vencer la carne? En términos sencillos, significa humillarse o disciplinarse. En el Salmo 69:10 David escribe que el ayuno "afligió" su alma. Afligir es un tipo de disciplina que refina y purifica; es un periodo de podar las áreas muertas de su vida para que Dios pueda renovar su vida y su propósito dentro de usted. ¿Cuáles son algunas áreas en que ha carecido de disciplina y que ahora siente que Dios le está dirigiendo a podar?

_____

_____

_____

¿Es el control del peso o la pérdida de peso uno de los beneficios que quiere usted lograr? ¿Qué factores cree que han contribuido a que tenga usted sobrepeso? ¿Qué cantidad de peso cree que necesita perder para alcanzar su punto óptimo de salud?

_____

_____

_____

Al acercarse al término de este ayuno físico, piense en otras áreas de su vida que podrían beneficiarse de un "ayuno". ¿Hay emociones y sentimientos que le gustaría eliminar de su vida (temor, ira, ansiedad, falta de perdón, depresión, tristeza, vergüenza, etc.)? ¿Qué hábitos o actos evitan que tenga una salud total: de cuerpo, alma y espíritu? Enumérelas a continuación.

_____

_____

_____

Querido Señor, te doy gracias por darme el poder de tener victoria sobre mi carne a medida que continúo mi ayuno. Oro para que me muestres otras áreas de mi vida que puedan necesitar "ayunar" o abstenerse, para que pueda lograr la salud total en mi mente, cuerpo y espíritu. En el nombre de Jesús, amén.

Escriba sus pensamientos

Use el espacio siguiente para escribir lo que sienta que Dios está poniendo en su corazón durante su tiempo de oración hoy.

_____

_____

_____

SUGERENCIAS PARA COMIDAS A BASE DE JUGOS

Desayuno	Aperitivo	Almuerzo	Cena
Corte sandía en secciones y quite las semillas. Exprima suficiente para unos 30 centilitros de jugo. Añada un cucharón de fitonutriente en polvo (opcional; ver Apéndice B).	1 pepino 1 pimiento 3 tallos de apio ½ manojo de perejil ¼ de col 1 manzana verde	½ piña (pelada) 1 manzana 2 zanahorias 1 remolacha pequeña (pelada) 1 taza de brócoli	1 taza de brócoli ½ manojo de perejil 2 tallos de apio 1 pepino ¼ de col 1 pimiento 1 limón

PENSAMIENTO CLAVE

Cuando adquiera el hábito de exprimir fruta y verduras o de consumir fitonutrientes en polvo, reducirá de modo dramático su riesgo de enfermedades cardíacas, cáncer, derrame, diabetes, osteoporosis, degeneración macular y todas las enfermedades degenerativas.

SU RECETA DIARIA PARA LA SALUD

El Departamento de Agricultura de los EE. UU. (USDA, siglas en inglés), el Cirujano General y el Instituto Nacional del Cáncer, al igual que el Departamento de Salud y Servicios Humanos, recomiendan que comamos mucha fruta y verduras. De hecho, el USDA aconseja que comamos de cinco a trece raciones de frutas y verduras al día a fin de mantener la salud.[6] Aunque algunos estudios muestran que los estadounidenses están comenzando a consumir más verduras, tenga en mente que las patatas blancas constituyen el 30% de las verduras consumidas por los estadounidenses, y una tercera parte de esas patatas son fritas.[7] Debido a que comemos tan pocas frutas y verduras, muchos estadounidenses sufren de deficiencias en la nutrición, incluyendo deficiencias de vitaminas y minerales.

Para empeorar más las cosas, muchos estudios muestran cómo el terreno mermado ha afectado al contenido en minerales de las verduras y frutas. Un observador comparó los datos del manual de la USDA del año 1972 Con las tablas de alimentos en la actualidad y descubrió dramáticas reducciones en el contenido nutritivo. Por ejemplo, casi la mitad del calcio y la vitamina A del brócoli ha desaparecido. El contenido en vitamina A de las coles rizadas ha descendido a casi la mitad de sus niveles anteriores. El potasio descendió de 400 mg a 170 mg, y el magnesio descendió de 57 mg a solamente 9 mg. La coliflor perdió casi la mitad de su vitamina C junto con su tiamina y riboflavina. El calcio de la piña pasó de 17 mg a 7 mg. Estas increíbles pérdidas en nutrientes finalmente tendrán un impacto importante en su salud.[8]

SU VIAJE ESPIRITUAL DIARIO

Sino que golpeo mi cuerpo, y lo pongo en servidumbre, no sea que habiendo sido heraldo para otros, yo mismo venga a ser eliminado.

—1 CORINTIOS 9:27

El ayuno edifica carácter e integridad; ayuda a vencer la tentación y nos permite ser guiados por el Espíritu y, por tanto, caminar en integridad. El ayuno no es un fin en sí mismo; tiene la intención de cultivar una mayor cercanía a Dios y crear más de su carácter en nuestro interior. Entonces podemos convertirnos en canales más limpios de su Espíritu y desarrollar piedad en todas nuestras relaciones. Enumere las áreas de tentación sobre las que está logrando mayor poder para vencer a medida que continúa su ayuno.

_____

_____

_____

Querido Señor, te doy gracias por usar este tiempo de ayuno para crear más de tu carácter en mi vida. Mi único deseo es ser más como tú y ser usado por ti. Toma el control completo y haz tu voluntad en mi vida. Completa el proceso de edificación de carácter que has comenzado durante este ayuno. En el nombre de Jesús, amén.

ESCRIBA SUS PENSAMIENTOS

Use el espacio siguiente para escribir lo que sienta que Dios está poniendo en su corazón durante su tiempo de oración hoy.

_____

_____

_____

_____

_____

_____

LA DESINTOXICACIÓN DE DANIEL   DÍA 27

SUGERENCIAS PARA COMIDAS A BASE DE JUGOS

Desayuno	Aperitivo	Almuerzo	Cena
Una rodaja gruesa de piña con piel ¼ de pulgada de raíz de jengibre Un puñado de perejil 1 cucharón de fitonutriente en polvo (opcional; ver Apéndice B)	2 naranjas 1 limón 1 pomelo 2 mandarinas 2 zanahorias 2 tallos de apio	2 dientes de ajo ½ pepino 2 tallos de apio Un puñado de espinacas	2 tomates 1 pepino 2 tallos de apio 1 diente de ajo

PENSAMIENTO CLAVE

Decida que el exprimir frutas frescas y verduras sea una parte de su desayuno diario en su nuevo estilo de vida con la salud en primer lugar.

SU RECETA DIARIA PARA LA SALUD

Muchos creen que pueden ayunar una vez y luego volver a comer las mismas féculas con alto contenido en grasas, en azúcar y procesadas, y la dieta con mucha carne que les hizo desarrollar las enfermedades degenerativas en un principio. Eso sería lo mismo que decir que si una persona deja de fumar durante un mes, entonces puede volver a comenzar a fumar sus dos paquetes de cigarrillos diarios. No regrese a los viejos hábitos nada sanos; en cambio, permita que su programa de desintoxicación y ayuno sea el comienzo de un nuevo estilo de vida más sano.

Y hablando de fumar, cada vez que un fumador chupa un cigarrillo o un puro planta una semilla para el cáncer de pulmón y las enfermedades cardiacas. Cuán cierta es la Biblia cuando nos advierte que las semillas que plantamos son las plantas que cosecharemos (ver Gálatas 6:7). Si continúa usted fumando, finalmente cosechará enfermedad; por tanto, deje de fumar y comience a exprimir. Exprimir es una de las mejores maneras de romper la adicción a los cigarrillos, y también otras adicciones.

SU VIAJE ESPIRITUAL DIARIO

De cierto, de cierto os digo: El que en mí cree, las obras que yo hago, él las hará también; y aun mayores hará, porque yo voy al Padre. Y todo lo que pidiereis al Padre en mi nombre, lo haré, para que el Padre sea glorificado en el Hijo. Si algo pidiereis en mi nombre, yo lo haré.

—JUAN 14:12–14

Jesús no comenzó su ministerio terrenal hasta que hubo ayunado durante cuarenta días. El Espíritu Santo lo guió al desierto, y después de su ayuno, Él regresó en el poder del Espíritu Santo. Fue entonces cuando su poderoso ministerio fue lanzado, un ministerio de grandes milagros, señales y maravillas. Todo eso tuvo lugar como resultado del ayuno.

Es interesante que Jesús nos dijera que nosotros también haríamos esas obras y hasta mayores obras porque Él iba al Padre. Yo creo realmente que veremos esas obras mayores a medida que aprendamos y practiquemos la estupenda disciplina espiritual del ayuno.

Si Jesucristo sintió la necesidad de ayunar, ¿cuánto más no debiéramos hacerlo nosotros? Describa el ministerio para el cual siente que Dios le está preparando utilizando este tiempo de ayuno.

_____

_____

_____

Querido Señor, creo que tú me estás equipando para hacer tu obra y ser un ministro de tu amor y tu vida para un mundo moribundo. Guía mis pies, mis manos, mis pensamientos y mis palabras a medida que me dispongo a llevar a cabo tu llamado en mi vida. Te doy gracias porque has prometido hacer cualquier cosa que pida en tu nombre. Amén.

ESCRIBA SUS PENSAMIENTOS

Use el espacio siguiente para escribir lo que sienta que Dios está poniendo en su corazón durante su tiempo de oración hoy.

_____

_____

_____

_____

_____

_____

_____

_____

DÍA 28

LA DESINTOXICACIÓN DE DANIEL

Sugerencias para comidas a base de jugos

Desayuno	Aperitivo	Almuerzo	Cena
2 tallos de apio	½ col	1 remolacha	4 tomates medianos
2 manzanas sin corazón ni semillas	2 tallos de apio	2 zanahorias	2 tallos de apio
2 zanahorias	2 zanahorias	2 tallos de apio	½ pepino
1 cucharón de fitonutriente en polvo (opcional; ver Apéndice B)	Un puñado de perejil	½ batata cruda	Un puñado de frijoles o semillas de brócoli
			1 diente de ajo (opcional)

Pensamiento clave

Es de esperar que tras esta experiencia de veintiocho días se sienta usted motivado a limpiar y desintoxicar su cuerpo regularmente y a establecer un estilo de vida con la salud en primer lugar para usted y su familia. Para más información sobre escoger los alimentos más sanos, por favor refiérase a mis libros ¿Qué comería Jesús?[9] y Los siete pilares de la salud.

Su receta diaria para la salud

Ahora ha completado usted el ayuno de veintiocho días de desintoxicación y limpieza del Dr. Colbert. Pase algún tiempo reflexionando en la experiencia. Vuelva a leer las cosas que ha anotado en su diario, y escriba un breve resumen de su experiencia. ¿Logró sus metas? ¿Tenía Dios diferentes metas que le reveló durante el camino? ¿De qué manera se siente distinto en mente, cuerpo y espíritu a como se sentía hace veintiocho días?

_____

_____

_____

Su viaje espiritual diario

Y la vasija de barro que él hacía se echó a perder en su mano; y volvió y la hizo otra vasija, según le pareció mejor hacerla.

—Jeremías **18:4**

Conforme ha seguido este ayuno de veintiocho días, ha permitido a Dios, el Alfarero maestro, que complete su proceso divino de derribo y reedificación en su vida. Tome aliento al saber que ahora es usted una vasija que "le pareció mejor hacer" al Alfarero. Desde luego, Él nunca terminará de obrar en cualquiera de nosotros, pero cada vez que nos sometemos a Él, le pedimos que nos forme y nos moldee de nuevo a su semejanza, y somos refinados y purificados. Pase unos instantes en oración, dando gracias a Dios por su proceso de refinamiento en su vida.

Querido Señor, te doy gracias porque me amas y me aceptas tal como soy, pero siempre estás formando y modelando de nuevo mi vida para hacerme un reflejo más claro de ti. Al terminar este tiempo de ayuno y regresar a algunas de mis rutinas cotidianas regulares, te pido sabiduría y protección de los ataques del enemigo. Gracias, Señor, por guiarme y amarme. En el nombre de Jesús, amén.

ESCRIBA SUS PENSAMIENTOS

Use el espacio siguiente para escribir lo que sienta que Dios está poniendo en su corazón durante su tiempo de oración hoy.

_____

_____

_____

_____

_____

_____

_____

_____

_____

_____

_____

_____

_____

_____

Capítulo 9

VIDA DESPUÉS DE LA DESINTOXICACIÓN DE DANIEL

Así, pues, Melsar se llevaba la porción de la comida de ellos y el vino que habían de beber, y les daba legumbres.

—**DANIEL 1:16**

H<small>A LLEGADO USTED</small> a la fase tan importante de romper su ayuno. Con frecuencia esta es la parte más difícil e importante del ayuno; por tanto, debe usted comprender cómo romper su ayuno antes de siquiera comenzar a ayunar.

Vaya reintroduciendo alimentos gradualmente para comprender los mayores beneficios del ayuno en cuanto a salud. Su aparato digestivo ha estado descansando; eso significa que puede que no haya disponibles ácido clorhídrico y encimas pancreáticas para ayudarle a digerir las proteínas, las féculas y las grasas de inmediato. Por tanto, cuanto más largo sea su tiempo de ayuno, más lentamente debería usted romper el ayuno.

Algunos individuos que no han roto su ayuno de modo adecuado han desarrollado cálculos y han necesitado cirugía. Yo reintroduzco gradualmente fruta, luego verduras, luego féculas como los panes, y finalmente proteínas y grasas. A algunos puede resultarles beneficioso tomar 1–2 cucharadas de gránulos de lecitina (en agua) una o dos veces al día para prevenir residuos en la vesícula durante esta etapa del programa.

Siga esta fase de cuatro días para romper su ayuno y asegurarse la buena salud que ha comenzado a lograr por medio de las dos primeras fases de mi programa de ayuno. Si esta fue su primera experiencia con un ayuno de desintoxicación, o si sufre usted de mala salud o numerosas enfermedades, al final de los cuatro días puede repetir la fase de veintiún días de apoyo al hígado de mi programa de ayuno antes de pasar a un estilo de vida sano descrito en mi libro *¿Qué comería Jesús?*

Su viaje hacia la buena salud no ha terminado cuando concluyan los siguientes cuatro días. Su viaje acaba de comenzar. Esté preparado para pasar a su nuevo plan de estilo de vida con la salud en primer lugar con estos cuatro primeros días después de su ayuno.

EL PRIMER DÍA DESPUÉS DE AYUNAR

El primer día después de ayunar, coma fruta fresca como manzanas, sandía, uvas o bayas frescas con una frecuencia de cada dos o tres horas el primer día en que rompa su ayuno. Sin embargo, no coma papaya o piña el primer día después de un ayuno, pues esas frutas contienen fuertes enzimas que pueden molestar a su estómago. Frutas con mayor contenido en agua, como la sandía, son las más fáciles de digerir.

¿Ha preparado su lista de compras para comenzar su nuevo estilo de vida con la salud en primer lugar? Comience su lista de compras hoy. Cuando vaya al supermercado, compre las siguientes frutas y verduras orgánicas: zanahorias, col, manzanas, pepinos, berenjenas, apio, perejil, bayas (incluyendo fresas, moras, arándanos, frambuesas), limones y limas, pomelo, piña, raíz de jengibre, sandía, ajo, verduras de hoja verde (incluyendo espinacas, hojas de berenjena, de diente de león), tomates, batatas y raíz de diente de león.

Sugerencias para jugos o comidas

Desayuno

- 1 taza de fresas a rodajas
- 1 cucharón de fitonutriente en polvo (opcional; ver Apéndice B)

Aperitivo

- 2 tallos de apio
- 2 manzanas
- 2 zanahorias

Almuerzo

- ½ taza de: uvas, bayas variadas, rodajas de manzana

Cena

- 1 taza de pedazos de sandía
- 1 taza de uvas
- 1 manzana pequeña, a rodajas o pedazos

Aperitivo

- Uvas frescas o congeladas

Suplementos diarios

- Un multivitamínico diario (ver Apéndice B)
- Un cucharón de fitonutriente en polvo (ver Apéndice B)

EL SEGUNDO DÍA DESPUÉS DE AYUNAR

El segundo día después de romper el ayuno tome fruta en la mañana. Para el almuerzo y la cena, tome un bol de sopa de verduras frescas. Coma lentamente y mastique muy bien la comida; asegúrese de no comer en exceso. Asegúrese de seguir bebiendo al menos dos litros de agua pura al día. También puede seguir bebiendo sus jugos una o dos veces al día.

Sugerencias para jugos o comidas

Desayuno

- 1 taza de bayas variadas
- ½ taza de uvas
- 1 cucharón de fitonutriente en polvo (opcional: ver Apéndice B)

Bebida de aperitivo

- Un puñado de perejil
- 4 zanahorias
- 1 manzana

Almuerzo

- 1 bol de sopa de verduras frescas

Cena

- 1 bol de sopa de verduras frescas

El tercer día después del ayuno

El tercer día puede añadir a la fruta y la sopa de verduras una ensalada o una patata asada. También puede añadir una rebanada de pan de semillas, como el pan de Ezequiel o maná, pan de arroz integral o pan de mijo.

Sugerencias para jugos o comidas

Desayuno

- Manzanas a rodajas o salsa de manzana en una rebanada de pan tostado Ezequiel, de mijo o de arroz integral
- ½ taza de bayas variadas
- 1 cucharón de fitonutriente en polvo (opcional; ver Apéndice B)

Aperitivo

- Barritas de zanahoria y apio

Almuerzo

- Bol de sopa de verduras frescas
- Pequeña ensalada de verduras

Cena

- Patata asada
- Sopa de verduras frescas
- 1 rebanada de pan de mijo

EL CUARTO DÍA DESPUÉS DE AYUNAR

El cuarto día puede introducir una pequeña cantidad de pollo de corral u orgánico, pavo, pescado o carne magra. Recomiendo que intente uno de los siguientes métodos sanos para preparar sus comidas.

- Cocer al vapor ligeramente las verduras causa muy poca pérdida de nutrientes.

- Sofreír es un buen método para cocinar porque la comida se cocina brevemente a fin de retener todos sus nutrientes.

- Asar a la parrilla es un medio aceptable de preparación de alimentos. Cuando ase sus carnes de corral u orgánicas, simplemente evite chamuscar la carne.

Sugerencias para jugos o comidas

Desayuno

- 1 vaso pequeño de jugo de frutas
- 1 taza de avena mezclada con ½ taza de fresas
- 1 cucharón de fitonutriente en polvo (opcional; ver Apéndice B)

Aperitivo

- Manzana a rodajas con uvas frescas

Almuerzo

- Ensalada de verduras frescas
- 30–60 gr. de pechuga de pollo a la parrilla

Cena

- 1 taza de sopa de verduras frescas
- Pequeña ensalada de verduras
- 30–60 gr. de pollo, pescado o pavo
- Patata asada con una porción de mantequilla orgánica

CONCLUSIÓN

En todo asunto de sabiduría e inteligencia que el rey les consultó, los hallardiez veces mejores que todos los magos y astrólogos que había en todo su reino. Y continuó Daniel hasta el año primero del rey Ciro.

—DANIEL 1:20–21

ONFÍO EN QUE haya usted descubierto que el ayuno es una poderosa herramienta para la salud, la limpieza, la fortaleza colectiva y la capacitación espiritual. La Biblia da al ayuno una histórica posición de honor, un lugar al lado de otros principios dinámicos para la salud y el crecimiento espiritual.

El ayuno es un privilegio, y es una clave bíblica para la limpieza que bendecirá su vida con salud, sanidad, vitalidad renovada, longevidad y una espiritualidad más profunda.

En este programa de ayuno de veintiún días hemos abordado globalmente los maravillosos beneficios de limpiar el cuerpo mediante el ayuno; y le ha ayudado a entender los beneficios físicos y espirituales de vivir un estilo de vida de ayuno.

Le recomiendo que escoja ayunar periódicamente con el propósito de la desintoxicación y que encomiende su tiempo de ayuno a Dios también para una limpieza y renovación espirituales. Le elogio por su diligencia durante mi programa de ayuno de veintiocho días y por la valentía de establecer un nuevo plan de estilo de vida con la salud en primer lugar para una continua buena salud para usted y su familia.

A medida que comience a realizar ayunos periódicos con jugos para la desintoxicación, le aliento a que en primer lugar encomiende ese tiempo a Dios para tener una limpieza y renovación espirituales. Una vez que se haya acostumbrado a ayunar durante dos o tres días, puede escoger aumentar un poco ese tiempo. Aprenda a dedicar grandes partes de ese tiempo a la lectura bíblica, la oración y a escribir para lograr un crecimiento personal y espiritual. A veces puede hasta escoger encomendar sus tiempos de ayuno a propósitos aún más elevados, como ayunar por problemas de limpieza y sanidad nacional.

Conforme desarrolle un estilo de vida de ayuno y oración, caminará en los pasos de grandes hombres y mujeres que nos han precedido; hombres y mujeres que aumentaron en pureza de cuerpo, mente y espíritu, y que tocaron el cielo con sus oraciones y sus países con su pasión.

Apéndice A

RECETARIO PARA LA DESINTOXICACIÓN DE DANIEL

Recetas para las primeras tres semanas

ESTA ES LA sección para preparar las recetas, aquí encontrará algunas guías generales: Utilice todos los ingredientes orgánicos, y use todos los frescos a menos que se indique lo contrario. Si se indican los alimentos enlatados, lea las etiquetas cuidadosamente. Siempre utilice especias no irradiadas.

Recetas de Smoothie

Smoothie "Chocoadicción"

2 tazas de hielo	1 cdta. de miel pura	1 banana
1 cdta. de chocolate crudo	1 cdta. de maca en polvo	4 onzas de leche de almendras sin azúcar
1 cda. de mantequilla de almendra		

Mezcle todos los ingredientes en una licuadora hasta que quede suave.

Smoothie de pepino depurador

½ pepino inglés pelado y picado	½ melón pelado y picado	2 cdas. de jugo de limón fresco
¼ de taza de hojas de menta fresca	1 taza de jugo de pera	

Mezcle todos los ingredientes en una licuadora hasta que quede suave.

Smoothie rosado fortalecedor

1 taza de fresas congeladas	1 taza de jugo de granada sin azúcar
1 taza de arándanos congelados	1 taza de agua

Mezcle los ingredientes en una licuadora hasta que quede suave.

Smoothie tropical

2 tazas de mango congelado   1 taza de jugo de naranja recién exprimido
1 taza de jugo de zanahoria fresca   ¼ de taza de hierbas frescas como menta, estragón o albahaca

Mezcle todos los ingredientes en una licuadora hasta que quede suave.

Smoothie verde depurador

1 manzana verde sin corazón picada   ½ taza de perejil fresco   2¼ tazas de agua
1 taza de repollo crespo, berza o   1 banana madura   (o jugo de naranja)
   espinacas picadas en trozos   (o mango)

Mezcle los ingredientes en la licuadora hasta que quede suave.

Smoothie picante de mango

2 tazas de mango maduro en trocitos   2–3 cdas. de jugo de limón fresco
2 tazas de agua de coco sin azúcarr   Una pizca de cayena en polvo

Mezcle todos los ingredientes en una licuadora hasta que esté suave.

Smoothie "rojolicioso"

1 taza de arándanos   1 taza de frambuesas   2 naranjas sin semillas
   congelados   congeladas   peladas

Mezcle todos los ingredientes en una licuadora hasta que quede suave.

Smoothie de remolacha

1 remolacha pelada y picada   1 pera picada   2 cdtas. de jengibre fresco picado
1 zanahoria mediana pelada y picada   1 manzana sin corazón, picada   2 cdas. de jugo de limón fresco

Cocine al vapor la remolacha y la zanahoria, y deje que se enfríen. Mezcle todos los ingredientes en una licuadora y licue hasta que quede suave.

Recetas de ensaladas

Pad Thai desintoxicante al estilo Daniel

1 calabacín mediano en julianas   3 cebollines cortados en rodajas   ¾ de taza de edamame congelado,
2 zanahorias grandes en julianas   finas   descongelado (o tofu)
1 taza de repollo morado cortado   1 cda. de semillas de cáñamo
   en rodajas   1 cdta. de semillas de ajonjolí.

ADEREZO

1 diente de ajo picado	2 cds. de tamari baja en sodio	2½ cdta. de jarabe de arce puro
1 cdta. de jengibre fresco rallado	2 cds. de agua	(u otro edulcorante)
2 cdas. de jugo de limón fresco	½ cda. de aceite de ajonjolí tostado	¼ de taza de mantequilla de almendra cruda (o mantequilla de maní)

En un pequeño tazón, bata juntos el ajo, el jengibre, el jugo de limón, el tamari, el agua y el aceite de ajonjolí. Añada el jarabe de arce y la mantequilla de almendra y continúe batiendo hasta que los ingredientes se combinen y el aderezo tenga una consistencia suave. Reserve.

Mezcle las verduras y semillas en un recipiente para servir. Agregue el aderezo, mezcle y sirva.

QUINOA CALIENTE CON ADEREZO

1 taza de quinoa cocida (o espelta, pero esta contiene gluten)	2 dientes de ajo picados	1 taza de fresas cortadas en cubitos (opcional)
1½ taza de caldo de vegetales orgánico sin grasa, bajo en sodio	1 manojo de espárragos picados en trozos de una pulgada	¾ de taza de guisantes frescos o congelados
½ cdta. de aceite de oliva extra virgen		1 taza de perejil fresco picado
1 puerro en rodajas		

ADEREZO

2–3 cdas. de aceite de oliva extra virgen	3 cdas. de jugo de limón fresco	Sal al gusto

ADORNO (OPCIONAL)

Ralladura de limón   Nueces o semillas picadas

Enjuague la quinoa en un colador de malla fina y luego colóquela en una olla mediana. Añada el caldo de verduras y cocine según las instrucciones del empaque.

Caliente el aceite de oliva en un sartén grande o wok. Sofría el puerro y el ajo a fuego medio durante cinco minutos. Añada los espárragos, sazone con sal y sofría durante cinco o diez minutos, o hasta que el espárrago esté suave. Agregue las fresas (opcional), los guisantes y el perejil. Sofría durante unos minutos más y retire del fuego.

Bata los ingredientes del aderezo en un tazón pequeño y vierta la mezcla en un sartén. Agregue la quinua cocida. ¡Sazone con sal y disfrute! Espolvoree con ralladura de limón, frutos secos o semillas (opcional) y sirva.

ENSALADA DE COL CRESPO Y VEGETALES

4 tazas (compactas) de hojas de col crespo picadas, sin tallos

½ aguacate grande picado

⅓ de taza de cebolla morada picada

Sazón Herbamare (o sal marina) al gusto

½ pepino inglés picado

Un puñado de semillas de granada

1 rábano picado en rodajas finas

1 tallo de apio picado

1–2 cdas. de semillas de cáñamo (opcional)

ADEREZO

1 cda. de cáñamo, de lino o de aceite de aguacate

2 cdas. de jugo de limón fresco

Coloque el col crespo en un envase grande y rocíe por encima los ingredientes del aderezo. Mezcle el aderezo con el col crespo hasta que se recubren todas las hojas. Sazone con Herbamare (o sal marina) y colóquelo a un lado para que el col crespo se marine.

Mientras se marina la ensalada, pique el rábano, el aguacate, el pepino, el apio y la cebolla. Mezcle las verduras y semillas de granada con el repollo crespo. Espolvoree las semillas de cáñamo (opcional) y sirva.

ENSALADA RÁPIDA DE TRES FRIJOLES

1 taza de vainitas picadas sin tallos

¼ de calabaza amarilla finamente picada

1 lata (15 oz.) de garbanzos

⅓ de taza llena de perejil fresco, finamente picado

1 lata (15 oz.) de frijoles rojos

3 cebollines finamente picados

Sal kosher y pimienta al gusto

ADEREZO

8 cdas. de jugo de limón fresco (aproximadamente 1½ limones)

1 cda. de jarabe de arce puro

1½ cda. de aceite de oliva extra virgen

1 cda. de mostaza de Dijon

1 cda. de vinagre de manzana

¼ cdta. de sal marina de grano fino

Hervir varias tazas de agua en una olla mediana. Añada las vainitas y deje hervir de 2 a 3 minutos. Escurra los granos y enjuague con agua fría. Colóquelos en un envase grande. Escurra y enjuague los garbanzos y los frijoles y añádalos al envase. Agregue la calabaza amarilla, el perejil y el cebollín y mezcle.

Bata los ingredientes del aderezo en un envase pequeño. Vierta el aderezo sobre la ensalada y revuelva. Coloque en la nevera durante treinta minutos, para que la ensalada se marine. Sazone con sal y pimienta y ajuste el aderezo al gusto. Sirva inmediatamente o deje que la ensalada continúe marinando durante la noche. Se puede almacenar en el refrigerador hasta por cuatro días.

ENSALADA DESINTOXICANTE DE ENELDO

1 lata (15 oz) de garbanzos, escurridos y enjuagados
1–2 pequeños racimos repollo toscano (o un manojo grande de col crespo)
Berza (opcional)

1 pepino inglés pequeño picado
Semillas de ajonjolí al gusto (opcional)

Sal kosher al gusto
2 tazas de vinagre blanco
Aceite de oliva extra virgen
½ cebolla morada picada

ADEREZO

2 dientes de ajo picados
¼ de taza + 2 cdas. de jugo de limón fresco
½–¾ de cdta. de sal kosher

1 cda. de aceite de oliva extra virgen
1½ de tazas de eneldo fresco picado

¼ de taza de tahini
2 cdas. de agua
1½ cda. de levadura nutricional

Precaliente el horno a 425 °F (220 °C) y prepare una bandeja para hornear. Coloque dos tazas de vinagre blanco a hervir en una olla mediana y añada una pizca de sal. Escurra y enjuague los garbanzos y añádalos en el vinagre hirviendo. Hiérvalos durante 1 minuto (no más de eso). Es normal que algunas pieles se caigan. Retírelos del fuego y déjelos a un lado para que se marinen en el vinagre durante treinta minutos.

Escurra los garbanzos marinados y colóquelos en la bandeja para hornear. Rocíelos con aceite y una pizca de sal. Mezcle los garbanzos con las manos en la bandeja para hornear hasta que estén ligeramente recubiertos con aceite y sal.

Hornee de 35 a 40 minutos hasta que estén dorados y crujientes. A mitad de la cocción, agite la bandeja para girar los granos (para evitar que se quemen, observe los garbanzos con frecuencia mientras se hornean). Después de retirarlos del horno, manténgalos en la bandeja para hornear y póngalos a un lado.

Pique el ajo en un procesador de alimentos y agregue el jugo de limón, el tahini, el agua, el aceite de oliva y la sal. Procese la mezcla hasta que quede suave. Pique un poco el eneldo antes de agregarlo al procesador. Procese la mezcla hasta que quede suave.

Coloque las hojas de col, el pepino y la cebolla en un tazón grande. Mezcle con el aderezo hasta que esté bien cubierto. Póngalos a marinar hasta que estén listos para ser servidos.

Adorne con garbanzos tostados y semillas de ajonjolí (opcional) y sirva.

DELICIOSA ENSALADA DESINTOXICANTE

2 cabezas de brócoli sin tallos
½ taza de semillas de girasol
½ taza de perejil fresco finamente picado

1 cabeza de coliflor sin tallos
1 taza de grosellas
Kelp granulado o sazón Herbamare (opcional)

2½ tazas de zanahorias ralladas
½ taza de pasas
Sal kosher al gusto
Jugo de limón fresco al gusto

Corte el brócoli (o procéselo en un procesador de alimentos) hasta que quede bien picado. Viértalo en un tazón grande. Repita estos pasos con el coliflor y las zanahorias.

Agregue las semillas de girasol, las pasas, las ciruelas pasas y el perejil. Rocíe con jugo de limón, sazone con sal u otros condimentos al gusto y sirva.

Ensalada de quinoa antioxidante

1 taza de cerezas frescas, sin semilla y en rodajas	2–3 tazas de fresas frescas en rodajas 1 taza de quinoa cruda	1–2 tazas de arándanos frescos

Aderezo

2 cucharadas de jarabe de arce puro 1 cdta. de vinagre balsámico	1 cda. de jugo de lima fresca (o jugo de limón)	Una pizca de sal kosher ½ taza de almendras picadas

Cocine la quinoa según las instrucciones del empaque. Mientras que la quinoa se cocina, prepare la fruta y colóquela en un tazón grande. Bata los ingredientes del aderezo juntos y ajuste la sal al gusto.

Bata la quinoa cocida con un tenedor y viértala en el envase con la fruta. Agregue el aderezo sobre la ensalada y mezcle bien. Sirva inmediatamente o deje enfriar en la nevera hasta el momento de servir.

Recetas de sopas

Sopa caliente y agria al estilo Daniel

5 setas del tipo shiitake secas 2 tazas de agua ¼ de taza de vinagre de arroz 4 claras de huevos grandes ligeramente batidos ¼ de taza de cilantro fresco picado	5 setas del tipo oreja de madera secas 1 cda. de jengibre picado 1 cda. de salsa de soja orgánica baja en sodio ½ taza de cebollín picado	4 tazas de caldo de verduras orgánico sin grasa, bajo en sodio 1 cdta. de ajos picados 1 cdta. de aceite de jengibre oscuro

Hidrate las setas hirviéndolas en agua durante unos 10 minutos o hasta que estén suaves. Escurra las setas, córtelas en rodajas finas y póngalas a un lado (si lo desea, guarde el agua de las setas y úselas en lugar de agua en el siguiente paso para darle más sabor. Si hay algunos residuos en la parte inferior del agua de las setas, pásela por el colador y elimine los residuos antes de combinarla con el caldo de verduras).

Combine el caldo, el agua (o el caldo de setas), el jengibre y el ajo en una olla. Caliente hasta que hierva a fuego medio-alto. Agregue las setas y cocine a fuego lento durante 5 minutos. Añada el vinagre y la salsa de soja, y revuelva hasta el punto de ebullición. Reduzca la llama y cocine a fuego lento durante varios minutos hasta que la sopa espese ligeramente, revolviéndola con frecuencia.

Con una cuchara de madera, vierta las claras lentamente y de manera constante, teniendo cuidado de no mezclarlas en exceso. Retire la sopa del fuego.

Sirva la sopa en tazones y coloque encima cebollín, cilantro y aceite de ajonjolí.

SOPA DE CALABAZA ASADA

1 calabaza de nogal mediana, picada a la mitad y sin semillas

2 tazas de nabos picados

2 cdtas. de salvia fresca picada

¾ de cdta. de sal kosher

2 cdtas. de miel

Aceite en rociador para cocinar

6 tazas de caldo de verduras orgánico sin grasa, bajo en sodio

¼ de cdta. de pimienta negra recién molida

1 cda. de cebollín fresco finamente picado

1 cda. de aceite de oliva extra virgen

1½ tazas de cebolla picada

3 dientes de ajo picados

1 hoja de laurel

2 cdas. de perejil fresco picado

Precaliente el horno a 400 °F (200 °C). Cubra una bandeja para hornear con papel aluminio y rocíe con aceite en aerosol. Coloque la calabaza en la bandeja para hornear, con los lados cortados hacia abajo. Hornee hasta que esté suave, unos 30 minutos. Permita que la calabaza se enfríe, luego saque la pulpa con una cuchara y haga un puré. Deseche la cáscara.

Caliente el aceite en una olla a fuego medio-alto. Agregue la cebolla y el ajo y sofría durante 4 minutos. Añada el puré de calabaza, el caldo de verduras, los nabos, la salvia, la sal, la pimienta y la hoja de laurel. Déjela en fuego hasta el punto de ebullición.

Disminuya el fuego y cocine a fuego lento hasta que las verduras estén suaves, unos 45 minutos. Retire del fuego y deseche la hoja de laurel. Deje que la sopa se enfríe durante 10 minutos.

Transfiera con cuidado un tercio de la mezcla de la sopa a una licuadora. Asegure la tapa de la licuadora y cúbrala con una toalla limpia para evitar que la sopa caliente salpique. Licúe hasta que quede suave y viértala en un tazón grande. Repita el proceso dos veces con las partes de la mezcla restantes. Vierta de nuevo la sopa en la olla y cocine a fuego medio hasta que se caliente bien.

Sirva la sopa en tazones y coloque encima de cada porción perejil y miel.

SOPA DE LENTEJAS CON CALABAZA

2 cdtas. de aceite de coco

3½ tazas de caldo de vegetales orgánico bajo en sodio, libre de grasa

¼ de cdta. de sal kosher

1 taza de agua

1 taza de cebolla picada

1 taza de lentejas rojas pequeñas

¼ de cdta. de canela molida

¾ de taza de puré de calabaza

1 cda. de jengibre fresco rallado

¼ de taza de cilantro fresco picado

1 cdta. de ajos picados

1 cdta. de comino molido

⅓ de cdta. de pimienta roja molida

1 cda. de jugo de limón fresco

¼ de taza de semillas de calabaza sin sal, tostadas

Caliente el aceite en una olla a fuego medio-alto. Añada la cebolla y el ajo y sofría durante 4 minutos.

Agregue 3 tazas de caldo, las lentejas, el comino, la sal, la canela y la pimienta roja hasta que hierva. Reduzca la llama y cocine a fuego lento. Tape y cocine durante unos 10 minutos, hasta que las lentejas estén suaves.

Transfiera cuidadosamente la mezcla de lentejas a una licuadora. Asegure la tapa de la licuadora y cúbrala con una toalla limpia para evitar que salpique la mezcla caliente. Licúe hasta que quede suave y coloque la mezcla de nuevo en la olla.

Agregue el caldo restante, el agua, el puré de calabaza y el jengibre, y cocine hasta que esté bien caliente durante unos 3 minutos.

Sirva la sopa en tazones y agregue a cada porción jugo de limón, semillas de calabaza y el cilantro.

CREMA DE FRIJOLES NEGROS

1 cda. de aceite de coco	1 cebolla pequeña picada	1 cdta. de comino molido
2 cdas. de cilantro fresco, picado	3 tazas de agua	¼ cdta. de sal kosher
(opcional)	1 cda. de jugo de limón	2 latas (15 oz.) de frijoles negros enjuagados

Caliente el aceite en una olla a fuego medio. Agregue la cebolla y sofría durante 2 o 3 minutos. Sazone con comino y sofría durante un minuto más.

Agregue los frijoles negros, el agua y la sal y lleve a punto de ebullición. Reduzca el fuego y cocine a fuego lento durante 10 minutos. Retire del fuego y agregue el jugo de limón.

Transfiera con cuidado la mezcla a una licuadora. Asegure la tapa de la licuadora, cubriéndola con una toalla limpia para evitar que salpique la mezcla caliente. Licúe hasta que quede suave y devuelva la mezcla a la olla.

Sirva la sopa en tazones y coloque encima de cada porción un poquito de jugo de limón fresco y cilantro, si lo desea.

SOPA DE LENTEJAS DESINTOXICANTE AL ESTILO DANIEL

1 cdta. de aceite de coco	1 cebolla cortada en cubitos	1 zanahoria cortada
4 tazas de caldo de verduras orgánico sin grasa, bajo en sodio	1 taza de lentejas secas	¼ de cdta. de tomillo seco
1 cda. de jugo de limón	2 hojas de laurel	Una pizca de sal kosher

Caliente el aceite en una olla grande a fuego medio-alto. Agregue las cebollas y las zanahorias y sofría de 3 a 5 minutos. Agregue el caldo, las lentejas, el tomillo y el laurel. Sazone con sal al gusto hasta que hierva.

Reduzca la llama y cocine a fuego lento. Tape y cocine durante 45 minutos hasta que las lentejas estén suaves. Retire las hojas de laurel.

Sirva en tazones y rocíe jugo de limón fresco sobre cada porción.

SOPA DE MISO DESINTOXICANTE AL ESTILO DANIEL

1 cda. de nori o de algas wakame ralladas	⅓ de taza de miso	3 cebollines picados
½ bloque de tofu firme, picado en cubos	Una pizca de salsa de soya baja en sodio (opcional)	½ cdta. de aceite de ajonjolí (opcional)

Coloque 4 tazas de agua a fuego lento y añada las algas. Deje hervir a fuego lento por lo menos 5 o 6 minutos. Cuanto más tiempo se cocinen las algas, menos sabor a pescado tendrán.

Reduzca la llama y cocine a fuego lento y agregue el resto de los ingredientes. Continúe agitando hasta que el miso esté bien disuelto. Evite que hierva, ya que esto destruiría algunas de las propiedades saludables del miso y cambiaría el sabor de la sopa.

Sirva en tazones y si lo desea coloque más cebollín encima (opcional).

SOPA DE FRIJOLES CON VEGETALES

1 taza de frijoles pintos o blancos, remojados toda la noche

2 zanahorias cortadas en cuadritos

¼ de cdta. de sal kosher

½ cdta. de albahaca

1 cdta. de cebolla en polvo (opcional)

½ cebolla cortada en cubitos

½ taza de cada una de las verduras que desee adicionar

¼ de cdta. de sal de apio (opcional)

½ cdta. de orégano o mezcla de especias italianas

2 hojas grandes de laurel

2 tallos de apio cortados en cubitos

2 cdas. de aceite de coco

8 tazas de caldo de verduras orgánico sin grasa, bajo en sodio

½ cdta. de tomillo

Cocine los frijoles según las instrucciones del paquete y póngalos a un lado. Caliente el aceite en una olla a fuego medio-alto. Agregue la cebolla, el apio, las zanahorias y otras verduras y sofría de 3 a 5 minutos.

Agregue los frijoles, el caldo, y todos los demás ingredientes y lleve a punto de ebullición. Reduzca la llama y cocine a fuego lento durante una hora aproximadamente, revolviendo ocasionalmente. Retire las hojas de laurel antes de servir.

SOPA DE VEGETALES DESINTOXICANTE

4 cdas. de aceite de oliva

Sal kosher

2 tazas de caldo de verduras orgánico sin grasa, bajo en sodio

2 tazas de puerros picados

2 zanahorias medianas, peladas y picadas

½ cdta. de pimienta negra recién molida

1–2 cdtas. de jugo de limón recién exprimido

2 cdas. de ajo finamente picado

2 tazas de vainitas frescas, cortadas en trozos medianos

¼ de taza de perejil fresco, picado y bien compacto

Caliente el aceite en una cacerola grande a fuego medio. Añada los puerros y el ajo y saltee durante 2–3 minutos. Sazone con sal al gusto.

Agregue las zanahorias, las vainitas, el caldo, la pimienta, el perejil y el jugo de limón hasta que hierva. Reduzca el fuego y cocine a fuego lento durante una hora aproximadamente.

Sirva la sopa en tazones y rocíe cada porción con jugo de limón. Adorne con una pizca de perejil fresco (opcional).

SOPA DE REPOLLO DESINTOXICANTE

1 libra (½ kg) de repollo picado	2 cebollas picadas	2 tazas de caldo de verduras
2 dientes de ajo picados	Sal kosher y pimienta al gusto	orgánico sin grasa, bajo en
Salsa picante al gusto (opcional)	Cilantro fresco picado	sodio

Mezcle el repollo, la cebolla y el ajo en una olla. Agregue el caldo, sazone con sal y pimienta al gusto. Agregue la salsa picante, si lo desea, y lleve a punto de ebullición.

Reduzca la llama y cocine a fuego lento durante 20 minutos hasta que los sabores estén mezclados.

Transfiera cuidadosamente la mitad de la sopa a una licuadora. Asegure la tapa de la licuadora y cúbrala con una toalla limpia para evitar que salpique la mezcla caliente. Licúe hasta que quede suave y vierta la mezcla en un tazón grande. Repita el proceso con el resto de la sopa. Vierta de nuevo la sopa en la olla y caliente hasta que esté bien caliente.

Sirva la sopa en tazones y añada a cada porción cilantro y salsa picante al gusto.

CREMA DE ZANAHORIA Y COCO

2–3 zanahorias grandes,	1 cebolla finamente picada	1 cdta. de jengibre fresco picado
finamente picadas	1½ cdta. de curry en polvo	1¾ taza de caldo de verduras
14 oz. de leche de Coco		
Sal marina al gusto		

En una olla mezcle las zanahorias, la cebolla, el jengibre y el curry en polvo. Añada el caldo hasta que alcance el punto de ebullición. Disminuya la llama y cocine a fuego lento durante 25 minutos hasta que las zanahorias estén suaves. Retire del fuego y deje enfriar durante 10 minutos.

Transfiera cuidadosamente la mitad de la sopa a una licuadora. Asegure la tapa de la licuadora y cúbrala con una toalla limpia para evitar que salpique la mezcla caliente. Licúe hasta que quede suave y vierta la mezcla en un tazón grande. Repita el proceso con el resto de la sopa.

Vierta de nuevo la sopa en la olla y revuelva con la leche de coco. Sazone con sal y cocine hasta que se caliente completamente.

Si decide servir caliente, vacíe en tazones y disfrute. Si usted elige servirla fría, retírela del fuego y déjela enfriar a temperatura ambiente antes de refrigerarla. Una vez que esté fría, sírvala en los tazones, ¡y a disfrutar!

NOTA: La sopa se espesa cuando se enfría, por lo que si va a servirla fría, añada un poco más de caldo de verduras antes de licuarla.

PRODUCTOS NUTRICIONALES RECOMENDADOS

Divine Health Products

1908 Boothe Circle

Longwood, FL 32750

Teléfono: *(407) 732-6952*

Página de internet: *www.drcolbert.com*

Correo electrónico: *info@drcolbert.com*

Phytonutrient Powder (Polvo fitonutriente)

> *Green Supremefood (vegetales fermentados orgánicos y superalimentos)*

> *Red Supremefood (frutas orgánicas)*

Plant Protein (Proteína vegetal)

Enhanced Multivitamin (formas activas de vitaminas individuales y minerales quelados)

Fiber Formula (Fórmula de fibra) (fibra soluble y no soluble para liberar toxinas)

Milk thistle (incluido en el Green Supremefood

NAC N-acetylcysteine 500 mg (NAC acetilcisteína de 500 mg), una cápsula dos veces al día (disponible en las tiendas naturistas) o MaxOne, una cápsula dos veces al día.

Metagenics

Página de internet: *www.drcolbert.meta-ehealth.com*

Mencione: "Dr. Colbert #W7741" cuando haga su compra.

UltraClear Plus, UltraClear pH, UltraClear RENEW, UltraGlycemX (suplemento de proteínas alto en fibra)

TheraSauna QCA Spas Inc.

1021 State Street

Bettendorf, IA 52722

Teléfono: *(888) 729-7727*

Página de internet: *www.therasauna.com y www.qcaspas.com*

Correo electrónico: *info@therasauna.com*

Alcat Test to identify food sensitivities

Esta prueba mide las reacciones no IgE a los alimentos, químicos y otras sustancias. Según Alcat: La prueba Alcat es una prueba de laboratorio basada en el estímulo inmunológico, en la que el conteo de glóbulos blancos del paciente es probado con ciertas sustancias, incluyendo: alimentos, aditivos, colorantes, químicos, hierbas medicinales, alimentos funcionales, moho, y compuestos farmacológicos. [...] La prueba Alcat clasifica de manera objetiva la respuesta del paciente a cada sustancia como reactiva, en el borde, o no reactiva. En base a estas clasificaciones, se puede elaborar una dieta personalizada que elimine de manera efectiva los elementos que desencadenan la activación crónica del sistema inmunológico.

NOTAS

Capítulo 2
Los muchos beneficios de ayunar como el de Daniel

1. Don Colbert, *Libérese de las toxinas* (Lake Mary, FL: Siloam, 2001, 2003).

Capítulo 3
Adoptar un estilo de vida de ayuno

1. Don Colbert, *La nueva cura bíblica para la diabetes* (Lake Mary, FL: Casa Creación, 2011).
2. Don Colbert, *La nueva cura bíblica para la presión alta* (Lake Mary, FL: Siloam, 2013).
3. Don Colbert, *La cura bíblica para el resfriado, la gripe y la sinusitis* (Lake Mary, FL: Casa Creación, 2009).

Capítulo 4
Un mundo lleno de toxinas

1. Jacqueline Krohn, *Natural Detoxification* [Desintoxicación natural] (Vancouver, BC: Hartley & Marks Publishers, Inc., 1996).
2. *Ibíd.*
3. *1993 Toxic Release Inventory* [Inventario de emisiones tóxicas del 1993], US Environmental Protection Agency, acceso el 16 de septiembre, 2015, http://nepis.epa.gov/Exe/ZyPDF.cgi/30006ELS.PDF?Dockey=30006ELS.PDF.
4. E. Cranton, *By-Passing By-Pass* [Pasar por un by-pass] (Troutdale, VA: Medex Publishers, 1996), 97.
5. "Breast Cancer Risk and Risk Factors" [El riesgo del cáncer de mama y los factores de riesgo], BreastCancer.org, acceso el 16 de septiembre, 2015, http://www.breastcancer

.org/symptoms/understand_bc/risk; "What Are the Key Statistics About Prostate Cancer?" [¿Cuáles son las estadísticas clave sobre el cáncer de próstata?], Sociedad Americana del Cáncer, consultado en línea el 17 de septiembre, 2015, http://www.cancer.org/cancer/prostatecancer /detailedguide/prostate-cancer-key-statistics.

6. *Harrison's Principles of Internal Medicine* [Principios de medicina interna de Harrison], 12th edition (New York: McGraw-Hill, 1991).

7. Timothy Kiely, David Donaldson, y Arthur Grube, *Pesticides Industry Sales and Usage: 2000 and 2001 Market Estimates* [Las ventas y el uso de la industria pesticida] (Washington, DC: United States Environmental Protection Agency, 2004), consultado en línea el 18 de septiembre, 2015, http://www.epa.gov/pesticides/pestsales/01pestsales /market_estimates2001.pdf.

8. G. T. Sterling et al., "Health Effects of Phenoxy Herbicides" [Los efectos de los herbicidas Phenoxy a la salud] *Scandinavian Journal of Work Environmental Health* 12 (1986): 161–173.

9. John Lee et al., "The Kellogg Report: The Impact of Nutrition, Environment and Lifestyle on the Health of Americans" [El informe Kellogg: El impacto de la nutrición, el medio ambiente y el estilo de vida en la salud de los estadounidenses], New York Institute of Health Policy and Practice, The Baird College Center, 1989.

10. Phaedra S. Corso et al., "Cost of Illness in the 1993 Waterborne Cryptosporidium Outbreak, Milwaukee, Wisconsin" [El costo del brote de la enfermedad Waterborne Cryptosporidium del 1993 en Milwaukee, Wisconsin] *Emerging Infectious Diseases* 9(4) (April 2003): 426–431.

11. Vigésimo segundo informe anual del Cirujano General sobre el fumar y la salud.

12. "Formaldehyde and Cancer Risk" [El formaldehído y el riesgo de cáncer], National Cancer Institute, consultado en línea el 18 de septiembre, 2015, http://www.cancer.gov /about-cancer/causes-prevention/risk/substances /formaldehyde/formaldehyde-fact-sheet.

13. Bertazzi et al., "Cancer Mortality of Capacitor Manufacturing Workers" [La mortalidad de cáncer entre los trabajadores de la manufactura de capacitores], *American Journal of Industrial Medicine* 11 (1987): 165–176.

CAPÍTULO 5
UN CUERPO LLENO DE TOXINAS

1. Don Colbert, *The Bible Cure for Candida and Yeast Infections* [La cura bíblica para la candidiasis y las infecciones por hongos] (Lake Mary, FL: Siloam, 2001).

2. Office of Pollution Prevention and Toxics, "Chemical Summary for Acetaldehyde" [Resumen químico para el acetaldehído], EPA 749-F-94-003a, US Environmental Protection Agency, August 1994, consultado en línea el 21 de septiembre, 2015, http://www.epa.gov/chemfact/s_acetal .txt.

3. International Agency for Research on Cancer, "IARC Monographs on the Evaluation of Carcinogenic Risk of Chemicals to Man" [Los monográficos IARC en la evaluación de riesgos de químicos carcinogénicos en el hombre] vol. 36, IARC, Lyon, 101–132.

CAPÍTULO 6
LA PORCIÓN DEL SEÑOR O LOS MANJARES DEL REY

1. "Chronic Diseases: The Leading Causes of Death and Disability in the United States" [Enfermedades crónicas: Las principales causas de muerte e incapacidad en los Estados

Unidos] Centers for Disease Control and Prevention, acceso el 23 de octubre, 2015, http://www.cdc.gov /chronicdisease/overview/#ref2; "Leading Causes of Death" [Causas principales de muerte], Centers for Disease Control and Prevention, consultado en línea 23 de octubre, 2015, http://www.cdc.gov/nchs/fastats/leading-causes-of -death.htm.

2. "America's Eating Habits: Changes and Consequences" [Los cambios en los hábitos alimenticios de los estadounidenses y sus consecuencias], Elizabeth Frazão, editor, *Agriculture Information Bulletin* No. AIB750, May 1999, US Department of Agriculture, consultado en línea el 21 de septiembre, 2015, http://www.ers.usda.gov/publications /aib750.

3. Dani Veracity, "The Politics of Sugar: Why Your Government Lies to You About This Disease-Promoting Ingredient" [Las políticas del azúcar: Por qué su gobierno le miente sobre este ingrediente que promueve las enfermedades], NaturalNews.com, 21 de julio, 2005, consultado en línea el 21 de septiembre, 2015, http://www.naturalnews .com/009797.html.

4. C. H. Barrows, "Nutrition and Aging: The Time Has Come to Move From Laboratory Research to Clinical Studies" [La nutrición y el envejecimiento: El momento ha llegado de moverse de la investigación de laboratorio al estudio clínico], *Geriatrics* 32 (1977): 39.

5. US Department of Health and Human Services and US Department of Agriculture, *Dietary Guidelines for Americans* [Guías dietéticas para los estadounidenses], 2005, 6ta edición (Washington, DC: US Government Printing Office, 2005), 24.

6. Don Colbert, *What You Don't Know May Be Killing You*

[Lo que usted desconoce podría estarlo matando] (Lake Mary, FL: Siloam, 2000, 2004).

CAPÍTULO 7
EL PLAN PARA LA DESINTOXICACIÓN DE DANIEL

1. Janet Raloff, "Microwaves Bedevil a B Vitamin—Research Indicates Overcooking and Microwaving Meat and Dairy Foods Inactivate Vitamin B_{12}—Brief Article" [Los microondas fastidian la vitamina B: La investigación indica que sobrecocinar y cocinar en microondas la carne y los productos lácteos inactivan la vitamina B_{12}] *Science News* 153 (February 14, 1998), 105, consultado en línea el 22 de febrero, 2006, http://www.findarticles.com/p/articles /mi_m1200/is_n7_v153/ai_20346932, en "Ask Natural Life…How Safe and Healthy Is Microwave Cooking?" [Pregunte a Natural Life…¿Cuán seguro y saludable es cocinar en microondas?] *Natural Life magazine*, May/June 2005, acceso el 22 de febrero, 2006, http://www.life.ca /nl/103/microwave.html.

2. Don Colbert, *Emociones que matan* (Nashville, TN: Grupo Nelson, 2011).

3. D. Conacher, "Troubled Waters on Tap: Organic Chemicals in Public Drinking Water Systems and the Failure of Regulation" [Aguas turbulentas del grifo: Químicos orgánicos en los sistemas públicos de agua potable y la falla en la regulación], Washington, DC Center for Study of Responsive Law, 1988: 114.

4. Don Colbert, *Los siete pilares de la salud* (Lake Mary, FL: Casa Creación, 2007).

5. Kenneth F. Ferraro, "Firm Believers: Religion, Body Weight, and Well-Being" [Creyentes firmes: La religión, el peso corporal y el bienestar], *Review of Religious Research* 39, no. 3 (March 1998): 224ff, haciéndose referencia en Beth Forbes,

"Firm Believers More Likely to Be Flabby, Purdue Study Finds" [Los creyentes firmes parecen ser flojos, de acuerdo al estudio Purdue", *Purdue News*, March 1998, consultado en línea el 21 de septiembre, 2015, http://www.purdue.edu/uns/html4ever/1998/9803.Ferraro.fat.html.

6. Bob Rodgers, *The 21-Day Fast* [El ayuno de 21 días] (Louisville, KY: Bob Rodgers Ministries, 2001), 63–67.

7. "Cancer Clusters" [Racimos de cancer] Virginia Department of Health, consultado en línea el 21 de septiembre, 2015, http://www.vdh.virginia.gov/ofhs/prevention/cpc/vcr/clusters.htm.

CAPÍTULO 8
BENEFICIO ADICIONAL DE SIETE DÍAS DE AYUNO MEDIANTE JUGOS PARA UNA MAYOR DESINTOXICACIÓN

1. "Water=Life's Basic Building Block" [Agua es la pieza fundamental y básica de la vida], Water Pollution, consultado en línea el 3 de febrero, 2006, http://www.bobsilverstein.com/SaveHawaii-WaterPollution.htm.

2. Philip Brasher, "One-Quarter of Organic Produce Contains Pesticides, Study Finds" [Una cuarta parte de los productos orgánicos contiene pesticidas, según estudio], *Journal Times*, 8 de mayo, 2002, consultado en línea el 22 de septiembre, 2015, http://journaltimes.com/news/national/one-quarter-of-organic-produce-contains-pesticides-study-finds/article_05f64bb3-85b1-565b-be89-990cef077e21.html.

3. Environmental Working Group, "Report Card: Pesticides in Produce" [Boleta de notas: Pesticidas en los productos], Food News, acceso el 26 de abril, 2006, http://www.foodnews.org/reportcard.php.

4. David J. Hanson, "Administration Seeks Tighter Curbs on Exports of Unregistered Pesticides" [La administración

busca tomar medidas más fuertes en las exportaciones de pesticidas no registrados], *Chemical and Engineering News*, 14 de febrero, 1994, 16–17 como se cita en "Mexican Use of Unregistered US Pesticides" [El uso de pesticidas no registrados en Estados Unidos por los mexicanos], consultado en línea el 22 de septiembre, 2015, http://www1.american.edu/ted/mexpest.htm.

5. Elson M. Haas, *Staying Healthy With Nutrition* [Mantenerse saludable con nutrición] (Berkeley, CA: Celestial Arts Pub., 1992).

6. US Department of Health and Human Services and US Department of Agriculture, Las guías dietéticas para los estadounidenses [en inglés], 2005, consultado en línea el 22 de septiembre, 2015, http://health.gov/dietaryguidelines /dga2005/document/pdf/dga2005.pdf.

7. Carol S. Johnston et al., "More Americans Are Eating '5 A Day' but Intakes of Dark Green and Cruciferous Vegetables Remain Low" [Más estadounidenses están comiendo 'cinco al día' pero el consumo de vegetales verdes y crucíferos se mantiene bajo], *Journal of Nutrition* 130 (diciembre 2000): 3063–3067, consultado en línea el 22 de septiembre, 2015, http://jn.nutrition.org/cgi/content /full/130/12/3063.

8. "Vegetables Without Vitamins" [Vegetales sin vitaminas], *Life Extension*, Marzo 2001, acceso el 22 de febrero, 2006, http://www.lef.org/magazine/mag2001/mar2001_report _vegetables.html; Terri Mitchell, "Vitamin-less Vegetables" [Vegetales sin vitaminas], *Life Extension*, septiembre 2005, consultado en línea el 22 de septiembre, 2015, http://www .lifeextension.com/magazine/2005/9/report_veggies /Page-01.

9. Don Colbert, *¿Qué comería Jesús?* (Nashville, TN: Grupo Nelson, 2003).

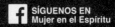